# La Maestría De Manejo Del Tiempo

Agenda Diaria Para Tomar Acción
Masiva En Las Actividades Más
Importantes Del Día Y Desarrollar
Disciplina Y Enfoque

I0475612

## María Erazo

**www.mariaerazo.com**

Printed by CreateSpace

Created and published through Maria Erazo Enterprises

Visit www.mariaerazo.com

Copyright 2017 Maria Erazo

Cover design by: Nicole Zaagman/LUX CHIX

Printed in the United States of America

 Facebook.com/themariaerazo

 @TheMariaErazo

Linkedin.com/in/mariaerazo

Pinterest TheMariaErazo

 #TheMariaErazo

Sito Web:
www.MariaErazo.com

**VISITA MI SITIO WWW.MARIAERAZO.COM**

## Dedicación

Dedico este libro a mis tres hijos Milton, Dylan y Kayler Y a mi esposo por su paciencia durante las largas horas mis largas horas de trabajo, por apoyarme durante los viajes que he hecho durante los últimos años a conferencias y entrenamientos. Sin su amor y apoyo no me sería posible lograr mis metas. Ustedes son la bendición más grande de mi vida. Los amo.

Tengo claro que sin los conocimientos, estrategias, y sin haber desarrollado la maestría del manejo del tiempo nunca hubiese logrado estas metas.

Enero 2
El problema es falta de dirección y enfoque y no la falta de tiempo. Todos tenemos 24 horas en el día. -Zig Ziglar

¿Cuáles son las 3 actividades más importantes que necesitas realizar el día de hoy?

_____

_____

_____

¿Cuál es el resultado que quieres obtener de estas actividades?

_____

_____

¿Cuál es el propósito de realizar estas actividades?

_____

_____

¿Qué recursos necesitas para realizar estas actividades?

_____

_____

_____

**Al final del día anota en estas líneas si lograste completar las actividades más importantes.**

¿Hubo circunstancias que te impidieron cumplir con tus metas del día de hoy?

_____

_____

¿Cuáles son las consecuencias positivas, y negativas que enfrentaras con tus acciones del día de hoy?

_____

_____

_____

Enero 3

Una de las mejores formas de usar tu tiempo es incrementar tu competencia en las áreas claves para poder obtener los resultados deseados.

~Brian Tracy

¿Cuáles son las 3 actividades más importantes que necesitas realizar el día de hoy?

_____
_____
_____

¿Cuál es el resultado que quieres obtener de estas actividades?

_____
_____

¿Cuál es el propósito de realizar estas actividades?

_____
_____

¿Qué recursos necesitas para realizar estas actividades?

_____
_____

**Al final del día anota en estas líneas si lograste completar las actividades más importantes.**

¿Hubo circunstancias que te impidieron cumplir con tus metas del día de hoy?

_____
_____

¿Cuáles son las consecuencias positivas, y negativas que enfrentaras con tus acciones del día de hoy?

_____
_____
_____

Enero 4

Encuentro fascinante que la mayoría de las personas planifican sus vacaciones con mucho más cuidado que sus vidas. Quizás eso se debe a que escapar es más fácil que cambiar. -Desconocido .

¿Cuáles son las 3 actividades más importantes que necesitas realizar el día de hoy?

_____

_____

_____

¿Cuál es el resultado que quieres obtener de estas actividades?

_____

_____

_____

¿Cuál es el propósito de realizar estas actividades?

_____

_____

_____

¿Qué recursos necesitas para realizar estas actividades?

_____

_____

**Al final del día anota en estas líneas si lograste completar las actividades más importantes.**

¿Hubo circunstancias que te impidieron cumplir con tus metas del día de hoy?

_____

_____

¿Cuáles son las consecuencias positivas, y negativas que enfrentaras con tus acciones del día de hoy?

_____

_____

Enero 5

**¿Amas la vida? Pues si amas la vida no malgastes el tiempo, por que el tiempo es el bien del que está hecha la vida."**
**-Benjamin Franklin**

¿Cuáles son las 3 actividades más importantes que necesitas realizar el día de hoy?

_____
_____
_____

¿Cuál es el resultado que quieres obtener de estas actividades?

_____
_____
_____

¿Cuál es el propósito de realizar estas actividades?

_____
_____
_____

¿Qué recursos necesitas para realizar estas actividades?

_____
_____

**Al final del día anota en estas líneas si lograste completar las actividades más importantes.**

¿Hubo circunstancias que te impidieron cumplir con tus metas del día de hoy?

_____
_____

¿Cuáles son las consecuencias positivas, y negativas que enfrentaras con tus acciones del día de hoy?

_____
_____
_____

**Enero 6**

Todas mis posesiones por un momento más de tiempo."

-Isabel I (justo antes de morir)

¿Cuáles son las 3 actividades más importantes que necesitas realizar el día de hoy?

_____
_____
_____

¿Cuál es el resultado que quieres obtener de estas actividades?

_____
_____
_____

¿Cuál es el propósito de realizar estas actividades?

_____
_____
_____

¿Qué recursos necesitas para realizar estas actividades?

_____
_____
_____

**Al final del día anota en estas líneas si lograste completar las actividades más importantes.**

¿Hubo circunstancias que te impidieron cumplir con tus metas del día de hoy?

_____
_____
_____

¿Cuáles son las consecuencias positivas, y negativas que enfrentaras con tus acciones del día de hoy?

_____
_____
_____

**Enero 7**
El tiempo es la cosa más valiosa que una
persona puede gastar.
-Theophrastus

¿Cuáles son las 3 actividades más importantes que necesitas realizar el día de
hoy?

_____

_____

_____

¿Cuál es el resultado que quieres obtener de estas actividades?

_____

_____

_____

¿Cuál es el propósito de realizar estas actividades?

_____

_____

_____

¿Qué recursos necesitas para realizar estas actividades?

_____

_____

_____

**Al final del día anota en estas líneas si lograste completar
las actividades más importantes.**

¿Hubo circunstancias que te impidieron cumplir con tus metas del día de hoy?

_____

_____

¿Cuáles son las consecuencias positivas, y negativas que enfrentaras con
tus acciones del día de hoy?

_____

_____

_____

> **Enero 8**
> **Tu tiempo es limitado, así que no lo malgastes**
> **viviendo la vida de otro,... Vive tu propia vida.**
> **Todo lo demás es secundario.**
> **-Steve Jobs**

¿Cuáles son las 3 actividades más importantes que necesitas realizar el día de hoy?

_____

_____

_____

¿Cuál es el resultado que quieres obtener de estas actividades?

_____

_____

_____

¿Cuál es el propósito de realizar estas actividades?

_____

_____

_____

¿Qué recursos necesitas para realizar estas actividades?

_____

_____

_____

**Al final del día anota en estas líneas si lograste completar**
**las actividades más importantes.**

¿Hubo circunstancias que te impidieron cumplir con tus metas del día de hoy?

_____

_____

¿Cuáles son las consecuencias positivas, y negativas que enfrentaras con tus acciones del día de hoy?

_____

_____

_____

**Enero 9**
Un hombre que se permite malgastar una hora de su tiempo no ha descubierto el valor de la vida.
-Charles Darwin

¿Cuáles son las 3 actividades más importantes que necesitas realizar el día de hoy?

_____
_____
_____

¿Cuál es el resultado que quieres obtener de estas actividades?

_____
_____
_____

¿Cuál es el propósito de realizar estas actividades?

_____
_____
_____

¿Qué recursos necesitas para realizar estas actividades?

_____
_____
_____

**Al final del día anota en estas líneas si lograste completar las actividades más importantes.**
¿Hubo circunstancias que te impidieron cumplir con tus metas del día de hoy?

_____
_____

¿Cuáles son las consecuencias positivas, y negativas que enfrentaras con tus acciones del día de hoy?

_____
_____
_____

**Enero 10**

¿Qué es el tiempo? Si nadie me lo pregunta, lo
se. Pero si tuviese que explicárselo a alguien no
sabría como hacerlo. -San Agustín

¿Cuáles son las 3 actividades más importantes que necesitas realizar el día de hoy?

_____
_____
_____

¿Cuál es el resultado que quieres obtener de estas actividades?

_____
_____
_____

¿Cuál es el propósito de realizar estas actividades?

_____
_____

¿Qué recursos necesitas para realizar estas actividades?

_____
_____

**Al final del día anota en estas líneas si lograste completar
las actividades más importantes.**
¿Hubo circunstancias que te impidieron cumplir con tus metas del día de hoy?

_____
_____

¿Cuáles son las consecuencias positivas, y negativas que enfrentaras con
tus acciones del día de hoy?

_____
_____
_____

**Enero 11**

Pitágoras, cuando era preguntado sobre que era el tiempo, respondía que era el alma de este mundo."

-Plutarco

¿Cuáles son las 3 actividades más importantes que necesitas realizar el día de hoy?

_____
_____
_____

¿Cuál es el resultado que quieres obtener de estas actividades?

_____
_____
_____

¿Cuál es el propósito de realizar estas actividades?

_____
_____

¿Qué recursos necesitas para realizar estas actividades?

_____
_____
_____

**Al final del día anota en estas líneas si lograste completar las actividades más importantes.**

¿Hubo circunstancias que te impidieron cumplir con tus metas del día de hoy?

_____
_____

¿Cuáles son las consecuencias positivas, y negativas que enfrentaras con tus acciones del día de hoy?

_____
_____
_____

**Enero 12**

Lo único que realmente nos pertenece es el tiempo. Incluso aquel que nada tiene, lo posee.
-Baltasar Gracián

¿Cuáles son las 3 actividades más importantes que necesitas realizar el día de hoy?

_____
_____
_____

¿Cuál es el resultado que quieres obtener de estas actividades?

_____
_____
_____

¿Cuál es el propósito de realizar estas actividades?

_____
_____
_____

¿Qué recursos necesitas para realizar estas actividades?

_____
_____
_____

**Al final del día anota en estas líneas si lograste completar las actividades más importantes.**

¿Hubo circunstancias que te impidieron cumplir con tus metas del día de hoy?

_____
_____

¿Cuáles son las consecuencias positivas, y negativas que enfrentaras con tus acciones del día de hoy?

_____
_____

**Enero 13**
**Para manejar adecuadamente tu tiempo,**
**requieres autodisciplina y autocontrol más que**
**cualquier otra cosa.**
**-Brian Tracy**

¿Cuáles son las 3 actividades más importantes que necesitas realizar el día de hoy?

_____
_____
_____

¿Cuál es el resultado que quieres obtener de estas actividades?

_____
_____
_____

¿Cuál es el propósito de realizar estas actividades?

_____
_____
_____

¿Qué recursos necesitas para realizar estas actividades?

_____
_____
_____

**Al final del día anota en estas líneas si lograste completar**
**las actividades más importantes.**

¿Hubo circunstancias que te impidieron cumplir con tus metas del día de hoy?

_____
_____
_____

¿Cuáles son las consecuencias positivas, y negativas que enfrentaras con tus acciones del día de hoy?

_____
_____
_____

**Enero 14**

El tiempo es a la vez el más valioso y el más desperdiciado de nuestros recursos."
-John Randolph

¿Cuáles son las 3 actividades más importantes que necesitas realizar el día de hoy?

_____
_____
_____

¿Cuál es el resultado que quieres obtener de estas actividades?

_____
_____

¿Cuál es el propósito de realizar estas actividades?

_____
_____

¿Qué recursos necesitas para realizar estas actividades?

_____
_____
_____

**Al final del día anota en estas líneas si lograste completar las actividades más importantes.**

¿Hubo circunstancias que te impidieron cumplir con tus metas del día de hoy?

_____
_____

¿Cuáles son las consecuencias positivas, y negativas que enfrentaras con tus acciones del día de hoy?

_____
_____

**Enero 15**
**Tómate tiempo para construir una gran corporación. Tómate tiempo para construir una vida. Y tómate el tiempo para desarrollarte y crecer. Entonces, regálate a ti mismo, a tu empresa y a tu familia todo aquello que necesitan y merecen. -Jim Rohn**

¿Cuáles son las 3 actividades más importantes que necesitas realizar el día de hoy?

_____
_____
_____

¿Cuál es el resultado que quieres obtener de estas actividades?

_____
_____
_____

¿Cuál es el propósito de realizar estas actividades?

_____
_____
_____

¿Qué recursos necesitas para realizar estas actividades?

_____
_____
_____

**Al final del día anota en estas líneas si lograste completar las actividades más importantes.**

¿Hubo circunstancias que te impidieron cumplir con tus metas del día de hoy?

_____
_____

¿Cuáles son las consecuencias positivas, y negativas que enfrentaras con tus acciones del día de hoy?

_____
_____
_____

**Enero 16**

**Si usted no diseña su propio plan de vida, hay posibilidad de que caigas en el plan de otro. Y ¿adivine lo que tiene planeado para ti? La respuesta es: No mucho. -Anónimo**

¿Cuáles son las 3 actividades más importantes que necesitas realizar el día de hoy?

_____

_____

_____

¿Cuál es el resultado que quieres obtener de estas actividades?

_____

_____

_____

¿Cuál es el propósito de realizar estas actividades?

_____

_____

_____

¿Qué recursos necesitas para realizar estas actividades?

_____

_____

_____

**Al final del día anota en estas líneas si lograste completar las actividades más importantes.**

¿Hubo circunstancias que te impidieron cumplir con tus metas del día de hoy?

_____

_____

¿Cuáles son las consecuencias positivas, y negativas que enfrentaras con tus acciones del día de hoy?

_____

_____

_____

**Enero 17**
**El tiempo es nuestro activo más valioso, a pesar**
**de que tendemos a desperdiciarlo, matarlo y**
**gastarlo en vez de cuidarlo e invertirlo.**
**-Anónimo**

¿Cuáles son las 3 actividades más importantes que necesitas realizar el día de hoy?

_____
_____
_____

¿Cuál es el resultado que quieres obtener de estas actividades?

_____
_____
_____

¿Cuál es el propósito de realizar estas actividades?

_____
_____
_____

¿Qué recursos necesitas para realizar estas actividades?

_____
_____
_____

**Al final del día anota en estas líneas si lograste completar**
**las actividades más importantes.**

¿Hubo circunstancias que te impidieron cumplir con tus metas del día de hoy?

_____
_____
_____

¿Cuáles son las consecuencias positivas, y negativas que enfrentaras con tus acciones del día de hoy?

_____
_____
_____

**Enero 18**
Se dice que el tiempo es un gran maestro; lo malo es que va matando a sus discípulos."
-Hector Berlioz

¿Cuáles son las 3 actividades más importantes que necesitas realizar el día de hoy?

_____
_____
_____

¿Cuál es el resultado que quieres obtener de estas actividades?

_____
_____

¿Cuál es el propósito de realizar estas actividades?

_____
_____

¿Qué recursos necesitas para realizar estas actividades?

_____
_____

**Al final del día anota en estas líneas si lograste completar las actividades más importantes.**
¿Hubo circunstancias que te impidieron cumplir con tus metas del día de hoy?

_____
_____

¿Cuáles son las consecuencias positivas, y negativas que enfrentaras con tus acciones del día de hoy?

_____
_____
_____

**Enero 19**
**No nos podemos dar el lujo de gastar mucho más tiempo en cosas pequeñas del que gastamos en cosas importantes. -Anonimo**

¿Cuáles son las 3 actividades más importantes que necesitas realizar el día de hoy?

_____
_____
_____

¿Cuál es el resultado que quieres obtener de estas actividades?

_____
_____
_____

¿Cuál es el propósito de realizar estas actividades?

_____
_____
_____

¿Qué recursos necesitas para realizar estas actividades?

_____
_____
_____

**Al final del día anota en estas líneas si lograste completar las actividades más importantes.**

¿Hubo circunstancias que te impidieron cumplir con tus metas del día de hoy?

_____
_____
_____

¿Cuáles son las consecuencias positivas, y negativas que enfrentaras con tus acciones del día de hoy?

_____
_____
_____

**Enero 20**
**Nunca comience un día hasta que no lo termines primero en papel.**
**-Anonimo**

¿Cuáles son las 3 actividades más importantes que necesitas realizar el día de hoy?

_____
_____
_____

¿Cuál es el resultado que quieres obtener de estas actividades?

_____
_____

¿Cuál es el propósito de realizar estas actividades?

_____
_____

¿Qué recursos necesitas para realizar estas actividades?

_____
_____

**Al final del día anota en estas líneas si lograste completar**
**las actividades más importantes.**
¿Hubo circunstancias que te impidieron cumplir con tus metas del día de hoy?

_____
_____

¿Cuáles son las consecuencias positivas, y negativas que enfrentaras con tus acciones del día de hoy?

_____
_____

**Enero 21**
**Algo dominará y algo se someterá. O manejas**
**tu día o el día te maneja a ti.**
**-Anonimo**

¿Cuáles son las 3 actividades más importantes que necesitas realizar el día de hoy?

_____
_____
_____

¿Cuál es el resultado que quieres obtener de estas actividades?

_____
_____
_____

¿Cuál es el propósito de realizar estas actividades?

_____
_____
_____

¿Qué recursos necesitas para realizar estas actividades?

_____
_____
_____

**Al final del día anota en estas líneas si lograste completar**
**las actividades más importantes.**
¿Hubo circunstancias que te impidieron cumplir con tus metas del día de hoy?

_____
_____

¿Cuáles son las consecuencias positivas, y negativas que enfrentaras con tus acciones del día de hoy?

_____
_____
_____

**Enero 22**
**Saber administrar el tiempo es el secreto mejor**
**guardado de los ricos.**
**-Anónimo**

¿Cuáles son las 3 actividades más importantes que necesitas realizar el día de hoy?

_____
_____
_____

¿Cuál es el resultado que quieres obtener de estas actividades?

_____
_____
_____

¿Cuál es el propósito de realizar estas actividades?

_____
_____
_____

¿Qué recursos necesitas para realizar estas actividades?

_____
_____
_____

**Al final del día anota en estas líneas si lograste completar**
**las actividades más importantes.**

¿Hubo circunstancias que te impidieron cumplir con tus metas del día de hoy?

_____
_____
_____

¿Cuáles son las consecuencias positivas, y negativas que enfrentaras con tus acciones del día de hoy?

_____
_____
_____

**Enero 22**

**Aprende cómo diferenciar lo importante de lo menos importante. Mucha gente no sabe hacerlo, simplemente porque se preocupan de las cosas sin importancia. -Anonimo**

¿Cuáles son las 3 actividades más importantes que necesitas realizar el día de hoy?

_____

_____

_____

¿Cuál es el resultado que quieres obtener de estas actividades?

_____

_____

_____

¿Cuál es el propósito de realizar estas actividades?

_____

_____

_____

¿Qué recursos necesitas para realizar estas actividades?

_____

_____

**Al final del día anota en estas líneas si lograste completar las actividades más importantes.**

¿Hubo circunstancias que te impidieron cumplir con tus metas del día de hoy?

_____

_____

¿Cuáles son las consecuencias positivas, y negativas que enfrentaras con tus acciones del día de hoy?

_____

_____

_____

**Enero 23**
**No confundas movimiento con productividad y**
**logros. Es fácil fingir estar ocupado. La**
**pregunta es: ¿ocupado haciendo qué?.**
**-Anonimo**

¿Cuáles son las 3 actividades más importantes que necesitas realizar el día de hoy?

_____
_____
_____

¿Cuál es el resultado que quieres obtener de estas actividades?

_____
_____
_____

¿Cuál es el propósito de realizar estas actividades?

_____
_____
_____

¿Qué recursos necesitas para realizar estas actividades?

_____
_____

**Al final del día anota en estas líneas si lograste completar**
**las actividades más importantes.**
¿Hubo circunstancias que te impidieron cumplir con tus metas del día de hoy?

_____
_____

¿Cuáles son las consecuencias positivas, y negativas que enfrentaras con tus acciones del día de hoy?

_____
_____
_____

**Enero 24**

**Los días son costosos. Cuando gastas uno, tienes un día menos para gastar. Por lo tanto, debes estar seguro de que uses tu tiempo sabiamente.**
**- Jim Rohn**

¿Cuáles son las 3 actividades más importantes que necesitas realizar el día de hoy?

_____

_____

_____

¿Cuál es el resultado que quieres obtener de estas actividades?

_____

_____

_____

¿Cuál es el propósito de realizar estas actividades?

_____

_____

_____

¿Qué recursos necesitas para realizar estas actividades?

_____

_____

_____

**Al final del día anota en estas líneas si lograste completar las actividades más importantes.**

¿Hubo circunstancias que te impidieron cumplir con tus metas del día de hoy?

_____

_____

¿Cuáles son las consecuencias positivas, y negativas que enfrentaras con tus acciones del día de hoy?

_____

_____

_____

## Enero 25
## La administración del tiempo es realmente administración personal y administración de vida. -Brian Tracy

¿Cuáles son las 3 actividades más importantes que necesitas realizar el día de hoy?

_____

_____

_____

¿Cuál es el resultado que quieres obtener de estas actividades?

_____

_____

¿Cuál es el propósito de realizar estas actividades?

_____

_____

¿Qué recursos necesitas para realizar estas actividades?

_____

_____

**Al final del día anota en estas líneas si lograste completar las actividades más importantes.**

¿Hubo circunstancias que te impidieron cumplir con tus metas del día de hoy?

_____

_____

¿Cuáles son las consecuencias positivas, y negativas que enfrentaras con tus acciones del día de hoy?

_____

_____

_____

**Enero 26**
**Un hombre que se permite malgastar una hora**
**de su tiempo no ha descubierto el valor de la**
**vida. -Charles Darwin**

¿Cuáles son las 3 actividades más importantes que necesitas realizar el día de hoy?

_____
_____
_____

¿Cuál es el resultado que quieres obtener de estas actividades?

_____
_____

¿Cuál es el propósito de realizar estas actividades?

_____
_____

¿Qué recursos necesitas para realizar estas actividades?

_____
_____

**Al final del día anota en estas líneas si lograste completar**
**las actividades más importantes.**
¿Hubo circunstancias que te impidieron cumplir con tus metas del día de hoy?

_____
_____

¿Cuáles son las consecuencias positivas, y negativas que enfrentaras con tus acciones del día de hoy?

_____
_____

**Enero 27**
**Cinco minutos bastan para soñar toda una vida,**
**así de relativo es el tiempo.**
**-Mario Benedetti**

¿Cuáles son las 3 actividades más importantes que necesitas realizar el día de hoy?

_____
_____
_____

¿Cuál es el resultado que quieres obtener de estas actividades?

_____
_____
_____

¿Cuál es el propósito de realizar estas actividades?

_____
_____
_____

¿Qué recursos necesitas para realizar estas actividades?

_____
_____
_____

**Al final del día anota en estas líneas si lograste completar**
**las actividades más importantes.**

¿Hubo circunstancias que te impidieron cumplir con tus metas del día de hoy?

_____
_____
_____

¿Cuáles son las consecuencias positivas, y negativas que enfrentaras con tus acciones del día de hoy?

_____
_____
_____

**Enero 28**
**El tiempo es la imagen de la eternidad en movimiento.**
**-Platón**

¿Cuáles son las 3 actividades más importantes que necesitas realizar el día de hoy?

_____
_____
_____

¿Cuál es el resultado que quieres obtener de estas actividades?

_____
_____
_____

¿Cuál es el propósito de realizar estas actividades?

_____
_____
_____

¿Qué recursos necesitas para realizar estas actividades?

_____
_____
_____

**Al final del día anota en estas líneas si lograste completar las actividades más importantes.**

¿Hubo circunstancias que te impidieron cumplir con tus metas del día de hoy?

_____
_____
_____

¿Cuáles son las consecuencias positivas, y negativas que enfrentaras con tus acciones del día de hoy?

_____
_____
_____

**Enero 29**
**Un joven en años puede ser viejo en horas, si no**
**ha perdido el tiempo.**
**-Sir Francis Bacon**

¿Cuáles son las 3 actividades más importantes que necesitas realizar el día de hoy?

_____
_____
_____

¿Cuál es el resultado que quieres obtener de estas actividades?

_____
_____
_____

¿Cuál es el propósito de realizar estas actividades?

_____
_____
_____

¿Qué recursos necesitas para realizar estas actividades?

_____
_____
_____

**Al final del día anota en estas líneas si lograste completar**
**las actividades más importantes.**
¿Hubo circunstancias que te impidieron cumplir con tus metas del día de hoy?

_____
_____

¿Cuáles son las consecuencias positivas, y negativas que enfrentaras con tus acciones del día de hoy?

_____
_____
_____

**Enero 30**
**Cuando decimos que todo tiempo pasado fue mejor, estamos condenando el futuro sin conocerlo.**
**-Francisco de Quevedo**

¿Cuáles son las 3 actividades más importantes que necesitas realizar el día de hoy?

_____
_____
_____

¿Cuál es el resultado que quieres obtener de estas actividades?

_____
_____
_____

¿Cuál es el propósito de realizar estas actividades?

_____
_____
_____

¿Qué recursos necesitas para realizar estas actividades?

_____
_____
_____

**Al final del día anota en estas líneas si lograste completar las actividades más importantes.**

¿Hubo circunstancias que te impidieron cumplir con tus metas del día de hoy?

_____
_____

¿Cuáles son las consecuencias positivas, y negativas que enfrentaras con tus acciones del día de hoy?

_____
_____
_____

---

**Enero 31**
**Lo que le da forma a nuestras vidas no es lo que hacemos de vez en cuando, sino lo que hacemos constantemente. – Tony Robbins**

---

¿Cuáles son las 3 actividades más importantes que necesitas realizar el día de hoy?

_____
_____
_____

¿Cuál es el resultado que quieres obtener de estas actividades?

_____
_____
_____

¿Cuál es el propósito de realizar estas actividades?

_____
_____
_____

¿Qué recursos necesitas para realizar estas actividades?

_____
_____
_____

**Al final del día anota en estas líneas si lograste completar las actividades más importantes.**

¿Hubo circunstancias que te impidieron cumplir con tus metas del día de hoy?

_____
_____
_____

¿Cuáles son las consecuencias positivas, y negativas que enfrentaras con tus acciones del día de hoy?

_____
_____
_____

**Febrero 1**
**Los que desaprovechan más su tiempo son los**
**que más se quejan de su falta de tiempo.**
**-Jean La Bruyere**

¿Cuáles son las 3 actividades más importantes que necesitas realizar el día de hoy?

_____

_____

¿Cuál es el resultado que quieres obtener de estas actividades?

_____

_____

¿Cuál es el propósito de realizar estas actividades?

_____

_____

¿Qué recursos necesitas para realizar estas actividades?

_____

_____

**Al final del día anota en estas líneas si lograste completar**
**las actividades más importantes.**

¿Hubo circunstancias que te impidieron cumplir con tus metas del día de hoy?

_____

_____

¿Cuáles son las consecuencias positivas, y negativas que enfrentaras con tus acciones del día de hoy?

_____

_____

**Febrero 2**
**Las razones de tanta pérdida de tiempo pueden atribuirse a una falta de concentración y de atención, además de distracciones y diversiones innecesarias. – Anónimo**

¿Cuáles son las 3 actividades más importantes que necesitas realizar el día de hoy?

_____
_____
_____

¿Cuál es el resultado que quieres obtener de estas actividades?

_____
_____
_____

¿Cuál es el propósito de realizar estas actividades?

_____
_____
_____

¿Qué recursos necesitas para realizar estas actividades?

_____
_____
_____

**Al final del día anota en estas líneas si lograste completar**
**las actividades más importantes.**

¿Hubo circunstancias que te impidieron cumplir con tus metas del día de hoy?

_____
_____

¿Cuáles son las consecuencias positivas, y negativas que enfrentaras con tus acciones del día de hoy?

_____
_____
_____

**Febrero 3**
**Una buena Administración del Tiempo**
**encuentra tiempo para todo, siempre**
**estableciendo por adelantado aquello que es**
**para ti.**
**– Anónimo**

¿Cuáles son las 3 actividades más importantes que necesitas realizar el día de hoy?

_____
_____
_____
_____

¿Cuál es el resultado que quieres obtener de estas actividades?

_____
_____
_____

¿Cuál es el propósito de realizar estas actividades?

_____
_____
_____

¿Qué recursos necesitas para realizar estas actividades?

_____
_____

**Al final del día anota en estas líneas si lograste completar**
**las actividades más importantes.**

¿Hubo circunstancias que te impidieron cumplir con tus metas del día de hoy?

_____
_____
_____

¿Cuáles son las consecuencias positivas, y negativas que enfrentaras con tus acciones del día de hoy?

_____
_____
_____

**Febrero 4**
**Tiempo es lo que más queremos, pero lo que**
**peor aprovechamos.**
**– William Penn**

¿Cuáles son las 3 actividades más importantes que necesitas realizar el día de hoy?

_____
_____
_____

¿Cuál es el resultado que quieres obtener de estas actividades?

_____
_____
_____

¿Cuál es el propósito de realizar estas actividades?

_____
_____
_____

¿Qué recursos necesitas para realizar estas actividades?

_____
_____
_____

**Al final del día anota en estas líneas si lograste completar**
**las actividades más importantes.**

¿Hubo circunstancias que te impidieron cumplir con tus metas del día de hoy?

_____
_____

¿Cuáles son las consecuencias positivas, y negativas que enfrentaras con tus acciones del día de hoy?

_____
_____

**Febrero 5**

**La riqueza perdida puede ser recuperada con trabajo duro. El conocimiento perdido puede ser recuperado con dedicación al estudio. Pero el tiempo perdido se pierde para siempre.**

**– Anónimo**

¿Cuáles son las 3 actividades más importantes que necesitas realizar el día de hoy?

_____
_____
_____

¿Cuál es el resultado que quieres obtener de estas actividades?

_____
_____
_____

¿Cuál es el propósito de realizar estas actividades?

_____
_____
_____

¿Qué recursos necesitas para realizar estas actividades?

_____
_____

**Al final del día anota en estas líneas si lograste completar las actividades más importantes.**

¿Hubo circunstancias que te impidieron cumplir con tus metas del día de hoy?

_____
_____

¿Cuáles son las consecuencias positivas, y negativas que enfrentaras con tus acciones del día de hoy?

_____
_____
_____

**Febrero 6**
**El Tiempo es el recurso más escaso, y hasta que**
**no se administre debidamente nada más se**
**puede gestionar.**
**– Peter Drucker**

¿Cuáles son las 3 actividades más importantes que necesitas realizar el día de hoy?

_____

_____

_____

¿Cuál es el resultado que quieres obtener de estas actividades?

_____

_____

_____

¿Cuál es el propósito de realizar estas actividades?

_____

_____

_____

¿Qué recursos necesitas para realizar estas actividades?

_____

_____

_____

**Al final del día anota en estas líneas si lograste completar**
**las actividades más importantes.**

¿Hubo circunstancias que te impidieron cumplir con tus metas del día de hoy?

_____

_____

¿Cuáles son las consecuencias positivas, y negativas que enfrentaras con tus acciones del día de hoy?

_____

_____

**Febrero 8**

**La Productividad nunca es Accidental. Siempre es el resultado de un compromiso con la excelencia, la planeación inteligente y un esfuerzo concentrado. – Anónimo**

¿Cuáles son las 3 actividades más importantes que necesitas realizar el día de hoy?

_____
_____
_____

¿Cuál es el resultado que quieres obtener de estas actividades?

_____
_____
_____

¿Cuál es el propósito de realizar estas actividades?

_____
_____
_____

¿Qué recursos necesitas para realizar estas actividades?

_____
_____

**Al final del día anota en estas líneas si lograste completar las actividades más importantes.**

¿Hubo circunstancias que te impidieron cumplir con tus metas del día de hoy?

_____
_____

¿Cuáles son las consecuencias positivas, y negativas que enfrentaras con tus acciones del día de hoy?

_____
_____
_____

**Febrero 9**
**La Eficiencia es hacer las cosas correctamente,**
**la efectividad es hacer las cosas correctas.**
**– Peter Drucker**

¿Cuáles son las 3 actividades más importantes que necesitas realizar el día de hoy?

_____

_____

_____

¿Cuál es el resultado que quieres obtener de estas actividades?

_____

_____

_____

¿Cuál es el propósito de realizar estas actividades?

_____

_____

_____

¿Qué recursos necesitas para realizar estas actividades?

_____

_____

_____

**Al final del día anota en estas líneas si lograste completar**
**las actividades más importantes.**
¿Hubo circunstancias que te impidieron cumplir con tus metas del día de hoy?

_____

_____

¿Cuáles son las consecuencias positivas, y negativas que enfrentaras con tus acciones del día de hoy?

_____

_____

_____

**Febrero 10**

**Muchos de nosotros nos tomamos mucho tiempo en atender lo que es Urgente, pero no el suficiente tiempo en aquello que es Importante.**
**— Stephen Covey**

¿Cuáles son las 3 actividades más importantes que necesitas realizar el día de hoy?

_____
_____
_____

¿Cuál es el resultado que quieres obtener de estas actividades?

_____
_____
_____

¿Cuál es el propósito de realizar estas actividades?

_____
_____
_____

¿Qué recursos necesitas para realizar estas actividades?

_____
_____

**Al final del día anota en estas líneas si lograste completar las actividades más importantes.**

¿Hubo circunstancias que te impidieron cumplir con tus metas del día de hoy?

_____
_____
_____

¿Cuáles son las consecuencias positivas, y negativas que enfrentaras con tus acciones del día de hoy?

_____
_____
_____

**Febrero 11**

**He observado que mucha gente se adelanta a los demás mientras éstos últimos están perdiendo su tiempo.**

**– Henry Ford.**

¿Cuáles son las 3 actividades más importantes que necesitas realizar el día de hoy?

_____

_____

_____

¿Cuál es el resultado que quieres obtener de estas actividades?

_____

_____

_____

¿Cuál es el propósito de realizar estas actividades?

_____

_____

_____

¿Qué recursos necesitas para realizar estas actividades?

_____

_____

**Al final del día anota en estas líneas si lograste completar las actividades más importantes.**

¿Hubo circunstancias que te impidieron cumplir con tus metas del día de hoy?

_____

_____

¿Cuáles son las consecuencias positivas, y negativas que enfrentaras con tus acciones del día de hoy?

_____

_____

**Febrero 12**
*Yo definitivamente voy a tomar un curso en Administración del tiempo, tan pronto como pueda hacerle un hueco en mi Agenda.*
**Louis E. Boone.**

¿Cuáles son las 3 actividades más importantes que necesitas realizar el día de hoy?

_____
_____
_____

¿Cuál es el resultado que quieres obtener de estas actividades?

_____
_____
_____

¿Cuál es el propósito de realizar estas actividades?

_____
_____
_____

¿Qué recursos necesitas para realizar estas actividades?

_____
_____

**Al final del día anota en estas líneas si lograste completar las actividades más importantes.**

¿Hubo circunstancias que te impidieron cumplir con tus metas del día de hoy?

_____
_____

¿Cuáles son las consecuencias positivas, y negativas que enfrentaras con tus acciones del día de hoy?

_____
_____
_____

**Febrero 13**

**La mayoría de la gente se involucra en actividades para liberar tensión antes de involucrarse en actividades que los acerquen a lograr sus metas.**

**-Brian Tracy**

¿Cuáles son las 3 actividades más importantes que necesitas realizar el día de hoy?

_____

_____

_____

¿Cuál es el resultado que quieres obtener de estas actividades?

_____

_____

¿Cuál es el propósito de realizar estas actividades?

_____

_____

¿Qué recursos necesitas para realizar estas actividades?

_____

_____

**Al final del día anota en estas líneas si lograste completar las actividades más importantes.**

¿Hubo circunstancias que te impidieron cumplir con tus metas del día de hoy?

_____

_____

¿Cuáles son las consecuencias positivas, y negativas que enfrentaras con tus acciones del día de hoy?

_____

_____

**Febrero 14**
**El tiempo invertido en la mejora de nosotros mismos, reduce el tiempo desaprobando a los demás.**
**– Anónimo.**

¿Cuáles son las 3 actividades más importantes que necesitas realizar el día de hoy?

_____
_____
_____

¿Cuál es el resultado que quieres obtener de estas actividades?

_____
_____
_____

¿Cuál es el propósito de realizar estas actividades?

_____
_____
_____

¿Qué recursos necesitas para realizar estas actividades?

_____
_____

**Al final del día anota en estas líneas si lograste completar las actividades más importantes.**
¿Hubo circunstancias que te impidieron cumplir con tus metas del día de hoy?

_____
_____
_____

¿Cuáles son las consecuencias positivas, y negativas que enfrentaras con tus acciones del día de hoy?

_____
_____
_____

**Febrero 15**
**El Tiempo es realmente el único Capital que tenemos los humanos, y lo único que no nos podemos permitir perder.**
**– Thomas A. Edison.**

¿Cuáles son las 3 actividades más importantes que necesitas realizar el día de hoy?

_____
_____
_____

¿Cuál es el resultado que quieres obtener de estas actividades?

_____
_____
_____

¿Cuál es el propósito de realizar estas actividades?

_____
_____
_____

¿Qué recursos necesitas para realizar estas actividades?

_____
_____

**Al final del día anota en estas líneas si lograste completar las actividades más importantes.**

¿Hubo circunstancias que te impidieron cumplir con tus metas del día de hoy?

_____
_____

¿Cuáles son las consecuencias positivas, y negativas que enfrentaras con tus acciones del día de hoy?

_____
_____
_____

**Febrero 16**
**El tiempo es una de las pocas cosas importantes**
**que nos quedan.**
**-Salvador Dalí**

¿Cuáles son las 3 actividades más importantes que necesitas realizar el día de hoy?

_____
_____
_____

¿Cuál es el resultado que quieres obtener de estas actividades?

_____
_____
_____

¿Cuál es el propósito de realizar estas actividades?

_____
_____
_____

¿Qué recursos necesitas para realizar estas actividades?

_____
_____
_____

**Al final del día anota en estas líneas si lograste completar**
**las actividades más importantes.**

¿Hubo circunstancias que te impidieron cumplir con tus metas del día de hoy?

_____
_____
_____

¿Cuáles son las consecuencias positivas, y negativas que enfrentaras con tus acciones del día de hoy?

_____
_____
_____

**Febrero 17**
El hombre dice, "Cuando llego a casa después de trabajar ya
es muy tarde. Sólo tengo tiempo para un bocado, mirar la
televisión un rato, relajarme e irme a la cama. Uno no puede
quedarse hasta la medianoche planeando, planeando,
planeando" ¡Esta es la misma persona que va atrasado en sus
pagos de su automóvil! -Anonimo

¿Cuáles son las 3 actividades más importantes que necesitas realizar el día de
hoy?

_____
_____
_____

¿Cuál es el resultado que quieres obtener de estas actividades?

_____
_____

¿Cuál es el propósito de realizar estas actividades?

_____
_____

¿Qué recursos necesitas para realizar estas actividades?

_____
_____

**Al final del día anota en estas líneas si lograste completar
las actividades más importantes.**
¿Hubo circunstancias que te impidieron cumplir con tus metas del día de hoy?

_____
_____

¿Cuáles son las consecuencias positivas, y negativas que enfrentaras con
tus acciones del día de hoy?

_____
_____

**Febrero 18**
**Siempre tienes la libertad de escoger qué hacer**
**primero, qué hacer segundo, y qué no hacer.**
**-Brian Tracy**

¿Cuáles son las 3 actividades más importantes que necesitas realizar el día de hoy?

_____

_____

_____

¿Cuál es el resultado que quieres obtener de estas actividades?

_____

_____

_____

¿Cuál es el propósito de realizar estas actividades?

_____

_____

_____

¿Qué recursos necesitas para realizar estas actividades?

_____

_____

**Al final del día anota en estas líneas si lograste completar**
**las actividades más importantes.**

¿Hubo circunstancias que te impidieron cumplir con tus metas del día de hoy?

_____

_____

¿Cuáles son las consecuencias positivas, y negativas que enfrentaras con tus acciones del día de hoy?

_____

_____

**Febrero 19**
**Recuerda, siempre podrás ganar más dinero,**
**pero el tiempo gastado nunca se recupera.**
**- Zig Ziglar**

¿Cuáles son las 3 actividades más importantes que necesitas realizar el día de hoy?

_____

_____

_____

¿Cuál es el resultado que quieres obtener de estas actividades?

_____

_____

_____

¿Cuál es el propósito de realizar estas actividades?

_____

_____

_____

¿Qué recursos necesitas para realizar estas actividades?

_____

_____

_____

**Al final del día anota en estas líneas si lograste completar**
**las actividades más importantes.**

¿Hubo circunstancias que te impidieron cumplir con tus metas del día de hoy?

_____

_____

¿Cuáles son las consecuencias positivas, y negativas que enfrentaras con
tus acciones del día de hoy?

_____

_____

**Febrero 20**
**Emplea el 80% de tu tiempo pensando en las oportunidades de mañana, en lugar de pensar en los problemas de ayer.**
**-Brian Tracy**

¿Cuáles son las 3 actividades más importantes que necesitas realizar el día de hoy?

_____
_____
_____

¿Cuál es el resultado que quieres obtener de estas actividades?

_____
_____
_____

¿Cuál es el propósito de realizar estas actividades?

_____
_____
_____

¿Qué recursos necesitas para realizar estas actividades?

_____
_____
_____

**Al final del día anota en estas líneas si lograste completar**
**las actividades más importantes.**

¿Hubo circunstancias que te impidieron cumplir con tus metas del día de hoy?

_____
_____
_____

¿Cuáles son las consecuencias positivas, y negativas que enfrentaras con tus acciones del día de hoy?

_____
_____
_____

**Febrero 21**
**Hasta que no te valores a ti mismo no valoraras tu tiempo. Y hasta que no valores tu tiempo no harás nada de con él.**
**-M.Scott Peck**

¿Cuáles son las 3 actividades más importantes que necesitas realizar el día de hoy?

_____
_____
_____

¿Cuál es el resultado que quieres obtener de estas actividades?

_____
_____

¿Cuál es el propósito de realizar estas actividades?

_____
_____
_____

¿Qué recursos necesitas para realizar estas actividades?

_____
_____

**Al final del día anota en estas líneas si lograste completar**
**las actividades más importantes.**

¿Hubo circunstancias que te impidieron cumplir con tus metas del día de hoy?

_____
_____

¿Cuáles son las consecuencias positivas, y negativas que enfrentaras con tus acciones del día de hoy?

_____
_____
_____

**Febrero 22**

**La pérdida de la fortuna puede ser recuperada por una empresa, la pérdida de conocimiento por el estudio, la pérdida de la salud por el cuidado o la medicina, pero la pérdida de tiempo jamás se puede recuperar. -Samuel Smiles**

¿Cuáles son las 3 actividades más importantes que necesitas realizar el día de hoy?

_____
_____
_____

¿Cuál es el resultado que quieres obtener de estas actividades?

_____
_____
_____

¿Cuál es el propósito de realizar estas actividades?

_____
_____
_____

¿Qué recursos necesitas para realizar estas actividades?

_____
_____

**Al final del día anota en estas líneas si lograste completar las actividades más importantes.**

¿Hubo circunstancias que te impidieron cumplir con tus metas del día de hoy?

_____
_____

¿Cuáles son las consecuencias positivas, y negativas que enfrentaras con tus acciones del día de hoy?

_____
_____

**Febrero 23**
**Nunca te permitas terminar un día en el que puedas decir "Lo haré mejor mañana".**
**-Brigham Young**

¿Cuáles son las 3 actividades más importantes que necesitas realizar el día de hoy?

_____
_____
_____

¿Cuál es el resultado que quieres obtener de estas actividades?

_____
_____
_____

¿Cuál es el propósito de realizar estas actividades?

_____
_____
_____

¿Qué recursos necesitas para realizar estas actividades?

_____
_____

**Al final del día anota en estas líneas si lograste completar**
**las actividades más importantes.**

¿Hubo circunstancias que te impidieron cumplir con tus metas del día de hoy?

_____
_____

¿Cuáles son las consecuencias positivas, y negativas que enfrentaras con
tus acciones del día de hoy?

_____
_____

**Febrero 24**

**Nunca te pongas excusas. No tienes tiempo para ello, porque si usas tu energía de ese modo, no te quedará energía para hacer todas las cosas que necesitas hacer, como superar obstáculos y alcanzar objetivos. -Alan Key**

¿Cuáles son las 3 actividades más importantes que necesitas realizar el día de hoy?

_____

_____

_____

¿Cuál es el resultado que quieres obtener de estas actividades?

_____

_____

_____

¿Cuál es el propósito de realizar estas actividades?

_____

_____

_____

¿Qué recursos necesitas para realizar estas actividades?

_____

_____

**Al final del día anota en estas líneas si lograste completar las actividades más importantes.**

¿Hubo circunstancias que te impidieron cumplir con tus metas del día de hoy?

_____

_____

¿Cuáles son las consecuencias positivas, y negativas que enfrentaras con tus acciones del día de hoy?

_____

_____

**Febrero 25**
**Recuerda, hoy es el mañana acerca del cual te preocupabas ayer.**
**-Dale Carnegie**

¿Cuáles son las 3 actividades más importantes que necesitas realizar el día de hoy?

_____
_____
_____

¿Cuál es el resultado que quieres obtener de estas actividades?

_____
_____
_____

¿Cuál es el propósito de realizar estas actividades?

_____
_____
_____

¿Qué recursos necesitas para realizar estas actividades?

_____
_____
_____

**Al final del día anota en estas líneas si lograste completar**
**las actividades más importantes.**

¿Hubo circunstancias que te impidieron cumplir con tus metas del día de hoy?

_____
_____

¿Cuáles son las consecuencias positivas, y negativas que enfrentaras con tus acciones del día de hoy?

_____
_____

**Febrero 26**
**Lo mejor acerca del futuro es que nos llega solo**
**un día a la vez.**
**-Abraham Lincoln**

¿Cuáles son las 3 actividades más importantes que necesitas realizar el día de hoy?

_____
_____
_____

¿Cuál es el resultado que quieres obtener de estas actividades?

_____
_____
_____

¿Cuál es el propósito de realizar estas actividades?

_____
_____
_____

¿Qué recursos necesitas para realizar estas actividades?

_____
_____
_____

**Al final del día anota en estas líneas si lograste completar**
**las actividades más importantes.**

¿Hubo circunstancias que te impidieron cumplir con tus metas del día de hoy?

_____
_____

¿Cuáles son las consecuencias positivas, y negativas que enfrentaras con tus acciones del día de hoy?

_____
_____

**Febrero 27**
En lugar de esperar a que las cosas sean mejores, haz una lista de todas las cosas que puedes hacer hasta que la situación mejore y hazlas.
-Danielle Kennedy

¿Cuáles son las 3 actividades más importantes que necesitas realizar el día de hoy?

_____
_____
_____

¿Cuál es el resultado que quieres obtener de estas actividades?

_____
_____
_____

¿Cuál es el propósito de realizar estas actividades?

_____
_____
_____

¿Qué recursos necesitas para realizar estas actividades?

_____
_____

**Al final del día anota en estas líneas si lograste completar las actividades más importantes.**

¿Hubo circunstancias que te impidieron cumplir con tus metas del día de hoy?

_____
_____

¿Cuáles son las consecuencias positivas, y negativas que enfrentaras con tus acciones del día de hoy?

_____
_____

**Febrero 28**
**El único límite a nuestros logros de mañana está**
**en nuestras dudas de hoy.**
**-Franklin D. Roosevelt**

¿Cuáles son las 3 actividades más importantes que necesitas realizar el día de hoy?

_____
_____
_____

¿Cuál es el resultado que quieres obtener de estas actividades?

_____
_____
_____

¿Cuál es el propósito de realizar estas actividades?

_____
_____
_____

¿Qué recursos necesitas para realizar estas actividades?

_____
_____

**Al final del día anota en estas líneas si lograste completar**
**las actividades más importantes.**

¿Hubo circunstancias que te impidieron cumplir con tus metas del día de hoy?

_____
_____

¿Cuáles son las consecuencias positivas, y negativas que enfrentaras con tus acciones del día de hoy?

_____
_____
_____

**Marzo 1**
**El día ideal nunca llega. Hoy es el día ideal para aquellos que han decidido que así sea.**
**-Oratio Dresser**

¿Cuáles son las 3 actividades más importantes que necesitas realizar el día de hoy?

_____
_____
_____

¿Cuál es el resultado que quieres obtener de estas actividades?

_____
_____

¿Cuál es el propósito de realizar estas actividades?

_____
_____

¿Qué recursos necesitas para realizar estas actividades?

_____
_____

**Al final del día anota en estas líneas si lograste completar las actividades más importantes.**

¿Hubo circunstancias que te impidieron cumplir con tus metas del día de hoy?

_____
_____

¿Cuáles son las consecuencias positivas, y negativas que enfrentaras con tus acciones del día de hoy?

_____
_____

**Marzo 2**
**Comienza haciendo lo que es necesario, después lo que es posible y de repente estarás haciendo lo imposible.**
**– San Francisco de Asis**

¿Cuáles son las 3 actividades más importantes que necesitas realizar el día de hoy?

_____
_____
_____

¿Cuál es el resultado que quieres obtener de estas actividades?

_____
_____
_____

¿Cuál es el propósito de realizar estas actividades?

_____
_____
_____

¿Qué recursos necesitas para realizar estas actividades?

_____
_____

**Al final del día anota en estas líneas si lograste completar las actividades más importantes.**

¿Hubo circunstancias que te impidieron cumplir con tus metas del día de hoy?

_____
_____
_____

¿Cuáles son las consecuencias positivas, y negativas que enfrentaras con tus acciones del día de hoy?

_____
_____
_____

**Marzo 3**
**Todas las cosas serán producidas en superior cantidad y calidad, y con mayor facilidad, cuando cada hombre trabaje en una sola ocupación, de acuerdo con sus dones naturales, y en el momento adecuado, sin inmiscuirse en**

¿Cuáles son las 3 actividades más importantes que necesitas realizar el día de hoy?

_____

_____

¿Cuál es el resultado que quieres obtener de estas actividades?

_____

_____

¿Cuál es el propósito de realizar estas actividades?

_____

_____

¿Qué recursos necesitas para realizar estas actividades?

_____

_____

Al final del día anota en estas líneas si lograste completar las actividades más importantes.

¿Hubo circunstancias que te impidieron cumplir con tus metas del día de hoy?

_____

_____

¿Cuáles son las consecuencias positivas, y negativas que enfrentaras con tus acciones del día de hoy?

_____

_____

**Marzo 4**
**La forma de empezar es dejar de hablar y empezar a hacerlo,**
**– Walt Disney**

¿Cuáles son las 3 actividades más importantes que necesitas realizar el día de hoy?

_____

_____

¿Cuál es el resultado que quieres obtener de estas actividades?

_____

_____

¿Cuál es el propósito de realizar estas actividades?

_____

_____

¿Qué recursos necesitas para realizar estas actividades?

_____

_____

**Al final del día anota en estas líneas si lograste completar las actividades más importantes.**

¿Hubo circunstancias que te impidieron cumplir con tus metas del día de hoy?

_____

_____

¿Cuáles son las consecuencias positivas, y negativas que enfrentaras con tus acciones del día de hoy?

_____

_____

## Marzo 5

La gente a menudo comentan que soy muy afortunado. La suerte es importante sólo en la medida en tener la oportunidad de venderte a ti mismo en el momento oportuno. Después de eso, usted tiene que tener talento y saber cómo usarlo.

– Frank Sinatra

¿Cuáles son las 3 actividades más importantes que necesitas realizar el día de hoy?

_____

_____

¿Cuál es el resultado que quieres obtener de estas actividades?

_____

_____

¿Cuál es el propósito de realizar estas actividades?

_____

_____

¿Qué recursos necesitas para realizar estas actividades?

_____

_____

Al final del día anota en estas líneas si lograste completar las actividades más importantes.

¿Hubo circunstancias que te impidieron cumplir con tus metas del día de hoy?

_____

_____

¿Cuáles son las consecuencias positivas, y negativas que enfrentaras con tus acciones del día de hoy?

_____

_____

**Marzo 6**

**No es que yo sea tan inteligente, es solo que me quedo con los problemas más tiempo para resolverlos.**

**– Albert Einstein**

¿Cuáles son las 3 actividades más importantes que necesitas realizar el día de hoy?

_____
_____
_____

¿Cuál es el resultado que quieres obtener de estas actividades?

_____
_____
_____

¿Cuál es el propósito de realizar estas actividades?

_____
_____
_____

¿Qué recursos necesitas para realizar estas actividades?

_____
_____

**Al final del día anota en estas líneas si lograste completar las actividades más importantes.**

¿Hubo circunstancias que te impidieron cumplir con tus metas del día de hoy?

_____
_____

¿Cuáles son las consecuencias positivas, y negativas que enfrentaras con tus acciones del día de hoy?

_____
_____
_____

**Marzo 7**

**Para el carácter productivo, dar posee un significado totalmente distinto: constituye la más alta expresión de potencia. En el acto mismo de dar, experimento mi fuerza, mi riqueza, mi poder.**
**-ERICH FROMM**

¿Cuáles son las 3 actividades más importantes que necesitas realizar el día de hoy?

_____

_____

¿Cuál es el resultado que quieres obtener de estas actividades?

_____

_____

¿Cuál es el propósito de realizar estas actividades?

_____

_____

¿Qué recursos necesitas para realizar estas actividades?

_____

_____

**Al final del día anota en estas líneas si lograste completar**
**las actividades más importantes.**

¿Hubo circunstancias que te impidieron cumplir con tus metas del día de hoy?

_____

_____

¿Cuáles son las consecuencias positivas, y negativas que enfrentaras con
tus acciones del día de hoy?

_____

_____

## Marzo 8

**"Es una suerte que la sociedad libre sea más productiva, porque de no haberlo sido jamás se habría tolerado. El prejuicio en su contra es tan poderoso que es necesario tener una ventaja de cinco a uno para vencerlo." -MILTON FRIEDMAN**

¿Cuáles son las 3 actividades más importantes que necesitas realizar el día de hoy?

_____
_____
_____

¿Cuál es el resultado que quieres obtener de estas actividades?

_____
_____
_____

¿Cuál es el propósito de realizar estas actividades?

_____
_____
_____

¿Qué recursos necesitas para realizar estas actividades?

_____
_____
_____

**Al final del día anota en estas líneas si lograste completar las actividades más importantes.**

¿Hubo circunstancias que te impidieron cumplir con tus metas del día de hoy?

_____
_____

¿Cuáles son las consecuencias positivas, y negativas que enfrentaras con tus acciones del día de hoy?

_____
_____
_____

**Marzo 9**

Las razones de tanta pérdida de tiempo pueden atribuirse a una falta de concentración y de atención, además de distracciones y diversiones innecesarias. – Anónimo

¿Cuáles son las 3 actividades más importantes que necesitas realizar el día de hoy?

_____

_____

¿Cuál es el resultado que quieres obtener de estas actividades?

_____

_____

¿Cuál es el propósito de realizar estas actividades?

_____

_____

¿Qué recursos necesitas para realizar estas actividades?

_____

_____

**Al final del día anota en estas líneas si lograste completar las actividades más importantes.**

¿Hubo circunstancias que te impidieron cumplir con tus metas del día de hoy?

_____

_____

¿Cuáles son las consecuencias positivas, y negativas que enfrentaras con tus acciones del día de hoy?

_____

_____

**Marzo 10**
**La gestión es hacer las cosas bien; el liderazgo es hacer las cosas correctas.**
**-Peter Drucker**

¿Cuáles son las 3 actividades más importantes que necesitas realizar el día de hoy?

_____
_____
_____

¿Cuál es el resultado que quieres obtener de estas actividades?

_____
_____
_____

¿Cuál es el propósito de realizar estas actividades?

_____
_____
_____

¿Qué recursos necesitas para realizar estas actividades?

_____
_____

**Al final del día anota en estas líneas si lograste completar**
**las actividades más importantes.**

¿Hubo circunstancias que te impidieron cumplir con tus metas del día de hoy?

_____
_____

¿Cuáles son las consecuencias positivas, y negativas que enfrentaras con tus acciones del día de hoy?

_____
_____
_____

**Marzo 11**
**La administración trata acerca de la gestión en**
**el corto plazo, mientras se desarrollan los planes**
**a largo plazo.**
**-Jack Welch**

¿Cuáles son las 3 actividades más importantes que necesitas realizar el día de hoy?

_____
_____

¿Cuál es el resultado que quieres obtener de estas actividades?

_____
_____
_____

¿Cuál es el propósito de realizar estas actividades?

_____
_____
_____

¿Qué recursos necesitas para realizar estas actividades?

_____
_____

**Al final del día anota en estas líneas si lograste completar**
**las actividades más importantes.**
¿Hubo circunstancias que te impidieron cumplir con tus metas del día de hoy?

_____
_____

¿Cuáles son las consecuencias positivas, y negativas que enfrentaras con tus acciones del día de hoy?

_____
_____

**Marzo 12**
**El liderazgo efectivo es poner primero lo primero. La gestión eficaz es la disciplina llevada a cabo.**
**-Stephen Covey**

¿Cuáles son las 3 actividades más importantes que necesitas realizar el día de hoy?

_____
_____
_____

¿Cuál es el resultado que quieres obtener de estas actividades?

_____
_____
_____

¿Cuál es el propósito de realizar estas actividades?

_____
_____
_____

¿Qué recursos necesitas para realizar estas actividades?

_____
_____

**Al final del día anota en estas líneas si lograste completar las actividades más importantes.**
¿Hubo circunstancias que te impidieron cumplir con tus metas del día de hoy?

_____
_____

¿Cuáles son las consecuencias positivas, y negativas que enfrentaras con tus acciones del día de hoy?

_____
_____
_____

**Marzo 13**
**La verdadera medida del valor de cualquier líder y gerente es el rendimiento.**
**-Brian Tracy**

¿Cuáles son las 3 actividades más importantes que necesitas realizar el día de hoy?

_____
_____
_____

¿Cuál es el resultado que quieres obtener de estas actividades?

_____
_____
_____

¿Cuál es el propósito de realizar estas actividades?

_____
_____
_____

¿Qué recursos necesitas para realizar estas actividades?

_____
_____
_____

**Al final del día anota en estas líneas si lograste completar**
**las actividades más importantes.**
¿Hubo circunstancias que te impidieron cumplir con tus metas del día de hoy?

_____
_____

¿Cuáles son las consecuencias positivas, y negativas que enfrentaras con tus acciones del día de hoy?

_____
_____
_____

**Marzo 14**

**Una buena gestión consiste en mostrar a gente promedio cómo hacer el trabajo de gente superior.**

**-John D. Rockefeller**

¿Cuáles son las 3 actividades más importantes que necesitas realizar el día de hoy?

_____
_____
_____

¿Cuál es el resultado que quieres obtener de estas actividades?

_____
_____
_____

¿Cuál es el propósito de realizar estas actividades?

_____
_____
_____

¿Qué recursos necesitas para realizar estas actividades?

_____
_____
_____

**Al final del día anota en estas líneas si lograste completar las actividades más importantes.**

¿Hubo circunstancias que te impidieron cumplir con tus metas del día de hoy?

_____
_____

¿Cuáles son las consecuencias positivas, y negativas que enfrentaras con tus acciones del día de hoy?

_____
_____
_____

**Marzo 15**
**El éxito en la administración requiere aprender**
**tan rápido como el mundo está cambiando.**
**-Warren Bennis**

¿Cuáles son las 3 actividades más importantes que necesitas realizar el día de hoy?

_____
_____
_____

¿Cuál es el resultado que quieres obtener de estas actividades?

_____
_____
_____

¿Cuál es el propósito de realizar estas actividades?

_____
_____
_____

¿Qué recursos necesitas para realizar estas actividades?

_____
_____
_____

**Al final del día anota en estas líneas si lograste completar**
**las actividades más importantes.**

¿Hubo circunstancias que te impidieron cumplir con tus metas del día de hoy?

_____
_____

¿Cuáles son las consecuencias positivas, y negativas que enfrentaras con
tus acciones del día de hoy?

_____
_____

**Marzo 16**
**Esta es la clave para la gestión del tiempo; ver el**
**valor de cada momento.**
**-Menachem Mendel Schneerson**

¿Cuáles son las 3 actividades más importantes que necesitas realizar el día de hoy?

_____
_____
_____

¿Cuál es el resultado que quieres obtener de estas actividades?

_____
_____

¿Cuál es el propósito de realizar estas actividades?

_____
_____

¿Qué recursos necesitas para realizar estas actividades?

_____
_____

**Al final del día anota en estas líneas si lograste completar**
**las actividades más importantes.**
¿Hubo circunstancias que te impidieron cumplir con tus metas del día de hoy?

_____
_____

¿Cuáles son las consecuencias positivas, y negativas que enfrentaras con tus acciones del día de hoy?

_____
_____

**Marzo 17**
**Dame seis horas para talar un árbol y pasaré las**
**primera cuatro horas afilando el hacha.**
**-Abraham Lincoln**

¿Cuáles son las 3 actividades más importantes que necesitas realizar el día de hoy?

_____
_____
_____

¿Cuál es el resultado que quieres obtener de estas actividades?

_____
_____

¿Cuál es el propósito de realizar estas actividades?

_____
_____
_____

¿Qué recursos necesitas para realizar estas actividades?

_____
_____
_____

**Al final del día anota en estas líneas si lograste completar**
**las actividades más importantes.**

¿Hubo circunstancias que te impidieron cumplir con tus metas del día de hoy?

_____
_____

¿Cuáles son las consecuencias positivas, y negativas que enfrentaras con tus acciones del día de hoy?

_____
_____
_____

**Marzo 18**
**Lo que se mide mejora.-Peter F. Drucker.**

¿Cuáles son las 3 actividades más importantes que necesitas realizar el día de hoy?

_____
_____
_____

¿Cuál es el resultado que quieres obtener de estas actividades?

_____
_____
_____

¿Cuál es el propósito de realizar estas actividades?

_____
_____
_____

¿Qué recursos necesitas para realizar estas actividades?

_____
_____
_____

**Al final del día anota en estas líneas si lograste completar
las actividades más importantes.**

¿Hubo circunstancias que te impidieron cumplir con tus metas del día de hoy?

_____
_____

¿Cuáles son las consecuencias positivas, y negativas que enfrentaras con
tus acciones del día de hoy?

_____
_____
_____

**Marzo 19**
**Planear es traer el futuro al presente para poder hacer algo por el ahora.**
**-Alan Lakein**

¿Cuáles son las 3 actividades más importantes que necesitas realizar el día de hoy?

_____
_____
_____

¿Cuál es el resultado que quieres obtener de estas actividades?

_____
_____
_____

¿Cuál es el propósito de realizar estas actividades?

_____
_____
_____

¿Qué recursos necesitas para realizar estas actividades?

_____
_____
_____

**Al final del día anota en estas líneas si lograste completar las actividades más importantes.**

¿Hubo circunstancias que te impidieron cumplir con tus metas del día de hoy?

_____
_____

¿Cuáles son las consecuencias positivas, y negativas que enfrentaras con tus acciones del día de hoy?

_____
_____

**Marzo 20**

**Un buen plan, ejecutado violentamente ahora, es mejor que un plan perfecto para la próxima semana.**

**-George Patton**

¿Cuáles son las 3 actividades más importantes que necesitas realizar el día de hoy?

_____
_____
_____

¿Cuál es el resultado que quieres obtener de estas actividades?

_____
_____
_____

¿Cuál es el propósito de realizar estas actividades?

_____
_____
_____

¿Qué recursos necesitas para realizar estas actividades?

_____
_____

**Al final del día anota en estas líneas si lograste completar las actividades más importantes.**

¿Hubo circunstancias que te impidieron cumplir con tus metas del día de hoy?

_____
_____

¿Cuáles son las consecuencias positivas, y negativas que enfrentaras con tus acciones del día de hoy?

_____
_____
_____

**Marzo 21**
**Un objetivo sin un plan es sólo un deseo.**
**-Antoine de Saint-Exupéry**

¿Cuáles son las 3 actividades más importantes que necesitas realizar el día de hoy?

_____

_____

_____

¿Cuál es el resultado que quieres obtener de estas actividades?

_____

_____

_____

¿Cuál es el propósito de realizar estas actividades?

_____

_____

_____

¿Qué recursos necesitas para realizar estas actividades?

_____

_____

_____

**Al final del día anota en estas líneas si lograste completar**
**las actividades más importantes.**

¿Hubo circunstancias que te impidieron cumplir con tus metas del día de hoy?

_____

_____

¿Cuáles son las consecuencias positivas, y negativas que enfrentaras con tus acciones del día de hoy?

_____

_____

**Marzo 22**
**Si no sabes a donde vas, terminarás en cualquier**
**lugar.**
**-Yogi Berra**

¿Cuáles son las 3 actividades más importantes que necesitas realizar el día de hoy?

_____
_____
_____

¿Cuál es el resultado que quieres obtener de estas actividades?

_____
_____
_____

¿Cuál es el propósito de realizar estas actividades?

_____
_____
_____

¿Qué recursos necesitas para realizar estas actividades?

_____
_____
_____

**Al final del día anota en estas líneas si lograste completar**
**las actividades más importantes.**

¿Hubo circunstancias que te impidieron cumplir con tus metas del día de hoy?

_____
_____

¿Cuáles son las consecuencias positivas, y negativas que enfrentaras con tus acciones del día de hoy?

_____
_____
_____

**Marzo 23**
**Recuerda que el tiempo es dinero.**
**-Benjamin Franklin**

¿Cuáles son las 3 actividades más importantes que necesitas realizar el día de hoy?

_____
_____
_____

¿Cuál es el resultado que quieres obtener de estas actividades?

_____
_____
_____

¿Cuál es el propósito de realizar estas actividades?

_____
_____
_____

¿Qué recursos necesitas para realizar estas actividades?

_____
_____

**Al final del día anota en estas líneas si lograste completar**
**las actividades más importantes.**
¿Hubo circunstancias que te impidieron cumplir con tus metas del día de hoy?

_____
_____

¿Cuáles son las consecuencias positivas, y negativas que enfrentaras con
tus acciones del día de hoy?

_____
_____
_____

**Marzo 24**

**Los aficionados se sientan y esperan a la inspiración, el resto simplemente se levanta y trabaja.**

**-Stephen King**

¿Cuáles son las 3 actividades más importantes que necesitas realizar el día de hoy?

_____

_____

_____

¿Cuál es el resultado que quieres obtener de estas actividades?

_____

_____

_____

¿Cuál es el propósito de realizar estas actividades?

_____

_____

_____

¿Qué recursos necesitas para realizar estas actividades?

_____

_____

_____

**Al final del día anota en estas líneas si lograste completar las actividades más importantes.**

¿Hubo circunstancias que te impidieron cumplir con tus metas del día de hoy?

_____

_____

¿Cuáles son las consecuencias positivas, y negativas que enfrentaras con tus acciones del día de hoy?

_____

_____

_____

**Marzo 25**
**Nunca mires hacia atrás al menos que planees ir**
**por ese camino.**
**-Henry David Thoreau**

¿Cuáles son las 3 actividades más importantes que necesitas realizar el día de hoy?

_____
_____
_____

¿Cuál es el resultado que quieres obtener de estas actividades?

_____
_____

¿Cuál es el propósito de realizar estas actividades?

_____
_____
_____

¿Qué recursos necesitas para realizar estas actividades?

_____
_____
_____

**Al final del día anota en estas líneas si lograste completar**
**las actividades más importantes.**
¿Hubo circunstancias que te impidieron cumplir con tus metas del día de hoy?

_____
_____

¿Cuáles son las consecuencias positivas, y negativas que enfrentaras con
tus acciones del día de hoy?

_____
_____
_____

**Marzo 26**
**No puedes depender de tus ojos cuando tu imaginación está fuera de foco.**
**-Mark Twain**

¿Cuáles son las 3 actividades más importantes que necesitas realizar el día de hoy?

_____
_____
_____

¿Cuál es el resultado que quieres obtener de estas actividades?

_____
_____

¿Cuál es el propósito de realizar estas actividades?

_____
_____

¿Qué recursos necesitas para realizar estas actividades?

_____
_____

**Al final del día anota en estas líneas si lograste completar**
**las actividades más importantes.**

¿Hubo circunstancias que te impidieron cumplir con tus metas del día de hoy?

_____
_____

¿Cuáles son las consecuencias positivas, y negativas que enfrentaras con tus acciones del día de hoy?

_____
_____

**Marzo 27**
**El simple hecho de prestar atención positiva a las personas tiene mucho que ver con la productividad.**
**-Tom Peters.**

¿Cuáles son las 3 actividades más importantes que necesitas realizar el día de hoy?

_____
_____
_____

¿Cuál es el resultado que quieres obtener de estas actividades?

_____
_____
_____

¿Cuál es el propósito de realizar estas actividades?

_____
_____
_____

¿Qué recursos necesitas para realizar estas actividades?

_____
_____

**Al final del día anota en estas líneas si lograste completar las actividades más importantes.**
¿Hubo circunstancias que te impidieron cumplir con tus metas del día de hoy?

_____
_____

¿Cuáles son las consecuencias positivas, y negativas que enfrentaras con tus acciones del día de hoy?

_____
_____
_____

**Marzo 28**
**La mejor idea solo serán tan buena como su implementación.**
**-Jay Samit**

¿Cuáles son las 3 actividades más importantes que necesitas realizar el día de hoy?

_____
_____
_____

¿Cuál es el resultado que quieres obtener de estas actividades?

_____
_____
_____

¿Cuál es el propósito de realizar estas actividades?

_____
_____
_____

¿Qué recursos necesitas para realizar estas actividades?

_____
_____
_____

**Al final del día anota en estas líneas si lograste completar las actividades más importantes.**

¿Hubo circunstancias que te impidieron cumplir con tus metas del día de hoy?

_____
_____

¿Cuáles son las consecuencias positivas, y negativas que enfrentaras con tus acciones del día de hoy?

_____
_____

**Marzo 29**
**La clave de la supervivencia es aprender a agregar valor, hoy y siempre.**
**-Andy Grove**

¿Cuáles son las 3 actividades más importantes que necesitas realizar el día de hoy?

_____
_____
_____

¿Cuál es el resultado que quieres obtener de estas actividades?

_____
_____

¿Cuál es el propósito de realizar estas actividades?

_____
_____

¿Qué recursos necesitas para realizar estas actividades?

_____
_____

**Al final del día anota en estas líneas si lograste completar las actividades más importantes.**
¿Hubo circunstancias que te impidieron cumplir con tus metas del día de hoy?

_____
_____

¿Cuáles son las consecuencias positivas, y negativas que enfrentaras con tus acciones del día de hoy?

_____
_____
_____

**Marzo 30**
**Cuando se innova, se corre el riesgo de cometer errores. Es mejor admitirlo rápidamente y continuar con otra innovación.**
**-Steve Jobs**

¿Cuáles son las 3 actividades más importantes que necesitas realizar el día de hoy?

_____
_____
_____

¿Cuál es el resultado que quieres obtener de estas actividades?

_____
_____
_____

¿Cuál es el propósito de realizar estas actividades?

_____
_____
_____

¿Qué recursos necesitas para realizar estas actividades?

_____
_____
_____

**Al final del día anota en estas líneas si lograste completar las actividades más importantes.**

¿Hubo circunstancias que te impidieron cumplir con tus metas del día de hoy?

_____
_____

¿Cuáles son las consecuencias positivas, y negativas que enfrentaras con tus acciones del día de hoy?

_____
_____

**Marzo 31**

**Las oportunidades de negocio son como los autobuses, siempre habrá uno próximo que pasará.**

**-Richard Branson**

¿Cuáles son las 3 actividades más importantes que necesitas realizar el día de hoy?

_____

_____

_____

¿Cuál es el resultado que quieres obtener de estas actividades?

_____

_____

_____

¿Cuál es el propósito de realizar estas actividades?

_____

_____

_____

¿Qué recursos necesitas para realizar estas actividades?

_____

_____

_____

**Al final del día anota en estas líneas si lograste completar las actividades más importantes.**

¿Hubo circunstancias que te impidieron cumplir con tus metas del día de hoy?

_____

_____

¿Cuáles son las consecuencias positivas, y negativas que enfrentaras con tus acciones del día de hoy?

_____

_____

_____

**Abril 1**

**Auto-finánciate en el negocio durante el mayor tiempo posible que puedas seguir haciéndolo.**

**-Garrett Camp**

¿Cuáles son las 3 actividades más importantes que necesitas realizar el día de hoy?

_____

_____

_____

¿Cuál es el resultado que quieres obtener de estas actividades?

_____

_____

_____

¿Cuál es el propósito de realizar estas actividades?

_____

_____

_____

¿Qué recursos necesitas para realizar estas actividades?

_____

_____

_____

**Al final del día anota en estas líneas si lograste completar las actividades más importantes.**

¿Hubo circunstancias que te impidieron cumplir con tus metas del día de hoy?

_____

_____

¿Cuáles son las consecuencias positivas, y negativas que enfrentaras con tus acciones del día de hoy?

_____

_____

_____

**Abril 2**
**Sólo cuando baje la marea, sabremos quién estaba nadando desnudo.**
**-Warren Buffet**

¿Cuáles son las 3 actividades más importantes que necesitas realizar el día de hoy?

_____
_____
_____

¿Cuál es el resultado que quieres obtener de estas actividades?

_____
_____
_____

¿Cuál es el propósito de realizar estas actividades?

_____
_____
_____

¿Qué recursos necesitas para realizar estas actividades?

_____
_____

**Al final del día anota en estas líneas si lograste completar**
**las actividades más importantes.**
¿Hubo circunstancias que te impidieron cumplir con tus metas del día de hoy?

_____
_____

¿Cuáles son las consecuencias positivas, y negativas que enfrentaras con tus acciones del día de hoy?

_____
_____

**Abril 3**

**Algo de lo que puedes estar seguro acerca de tu plan de márketing, de tus productos o, incluso de tu propia vida, es que las cosas no saldrán como las habías planeado.**
**-Seth Godin**

¿Cuáles son las 3 actividades más importantes que necesitas realizar el día de hoy?

_____
_____
_____

¿Cuál es el resultado que quieres obtener de estas actividades?

_____
_____
_____

¿Cuál es el propósito de realizar estas actividades?

_____
_____
_____

¿Qué recursos necesitas para realizar estas actividades?

_____
_____
_____

**Al final del día anota en estas líneas si lograste completar las actividades más importantes.**

¿Hubo circunstancias que te impidieron cumplir con tus metas del día de hoy?

_____
_____

¿Cuáles son las consecuencias positivas, y negativas que enfrentaras con tus acciones del día de hoy?

_____
_____
_____

**Abril 4**
**Toma 20 años crear una reputación y cinco minutos arruinarla. Si piensas de esa manera, harás las cosas diferente.**
**-Warren Buffet**

¿Cuáles son las 3 actividades más importantes que necesitas realizar el día de hoy?

_____
_____
_____

¿Cuál es el resultado que quieres obtener de estas actividades?

_____
_____
_____

¿Cuál es el propósito de realizar estas actividades?

_____
_____
_____

¿Qué recursos necesitas para realizar estas actividades?

_____
_____
_____

**Al final del día anota en estas líneas si lograste completar**
**las actividades más importantes.**

¿Hubo circunstancias que te impidieron cumplir con tus metas del día de hoy?

_____
_____

¿Cuáles son las consecuencias positivas, y negativas que enfrentaras con tus acciones del día de hoy?

_____
_____
_____

## Abril 5
## Si no tienes una ventaja competitiva, no compitas.
## -Jack Welch

¿Cuáles son las 3 actividades más importantes que necesitas realizar el día de hoy?

_____
_____
_____

¿Cuál es el resultado que quieres obtener de estas actividades?

_____
_____
_____

¿Cuál es el propósito de realizar estas actividades?

_____
_____
_____

¿Qué recursos necesitas para realizar estas actividades?

_____
_____
_____

**Al final del día anota en estas líneas si lograste completar las actividades más importantes.**

¿Hubo circunstancias que te impidieron cumplir con tus metas del día de hoy?

_____
_____

¿Cuáles son las consecuencias positivas, y negativas que enfrentaras con tus acciones del día de hoy?

_____
_____

**Abril 6**

**Nacemos para vivir, por eso el capital más importante que tenemos es el tiempo, es tan corto nuestro paso por este planeta que es una pésima idea no gozar cada paso y cada instante, con el favor de una mente que no tiene límites y un corazón que puede amar mucho más de lo que suponemos. -Facundo Cabral**

¿Cuáles son las 3 actividades más importantes que necesitas realizar el día de hoy?

_____
_____
_____

¿Cuál es el resultado que quieres obtener de estas actividades?

_____
_____
_____

¿Cuál es el propósito de realizar estas actividades?

_____
_____
_____

¿Qué recursos necesitas para realizar estas actividades?

_____
_____
_____

**Al final del día anota en estas líneas si lograste completar las actividades más importantes.**

¿Hubo circunstancias que te impidieron cumplir con tus metas del día de hoy?

_____
_____

¿Cuáles son las consecuencias positivas, y negativas que enfrentaras con tus acciones del día de hoy?

_____
_____
_____

**Abril 7**

**Cuatro cosas hay que nunca vuelven más: una bala disparada, una palabra hablada, un tiempo pasado y una ocasión desaprovechada. - Proverbio Arabe**

¿Cuáles son las 3 actividades más importantes que necesitas realizar el día de hoy?

_____

_____

_____

¿Cuál es el resultado que quieres obtener de estas actividades?

_____

_____

¿Cuál es el propósito de realizar estas actividades?

_____

_____

_____

¿Qué recursos necesitas para realizar estas actividades?

_____

_____

_____

**Al final del día anota en estas líneas si lograste completar las actividades más importantes.**

¿Hubo circunstancias que te impidieron cumplir con tus metas del día de hoy?

_____

_____

¿Cuáles son las consecuencias positivas, y negativas que enfrentaras con tus acciones del día de hoy?

_____

_____

_____

**Abril 8**
**El primer síntoma de que estamos matando nuestros sueños es la falta de tiempo.**
**-Paulo Coelho**

¿Cuáles son las 3 actividades más importantes que necesitas realizar el día de hoy?

_____

_____

_____

¿Cuál es el resultado que quieres obtener de estas actividades?

_____

_____

_____

¿Cuál es el propósito de realizar estas actividades?

_____

_____

_____

¿Qué recursos necesitas para realizar estas actividades?

_____

_____

_____

**Al final del día anota en estas líneas si lograste completar**
**las actividades más importantes.**

¿Hubo circunstancias que te impidieron cumplir con tus metas del día de hoy?

_____

_____

¿Cuáles son las consecuencias positivas, y negativas que enfrentaras con tus acciones del día de hoy?

_____

_____

---

**Abril 9**

**No pierdas el tiempo afligiéndote por errores pasados; aprende de ellos y sigue adelante.**

**-Anónimo**

---

¿Cuáles son las 3 actividades más importantes que necesitas realizar el día de hoy?

_____
_____
_____

¿Cuál es el resultado que quieres obtener de estas actividades?

_____
_____
_____

¿Cuál es el propósito de realizar estas actividades?

_____
_____
_____

¿Qué recursos necesitas para realizar estas actividades?

_____
_____
_____

**Al final del día anota en estas líneas si lograste completar las actividades más importantes.**

¿Hubo circunstancias que te impidieron cumplir con tus metas del día de hoy?

_____
_____

¿Cuáles son las consecuencias positivas, y negativas que enfrentaras con tus acciones del día de hoy?

_____
_____

**Abril 10**
**Y el que apetezca la gloria debe despedirse a tiempo del honor y dominar el arte difícil de irse en el momento oportuno.**
**-Friedrich Nietzsche**

¿Cuáles son las 3 actividades más importantes que necesitas realizar el día de hoy?

_____
_____
_____

¿Cuál es el resultado que quieres obtener de estas actividades?

_____
_____

¿Cuál es el propósito de realizar estas actividades?

_____
_____
_____

¿Qué recursos necesitas para realizar estas actividades?

_____
_____
_____

**Al final del día anota en estas líneas si lograste completar las actividades más importantes.**

¿Hubo circunstancias que te impidieron cumplir con tus metas del día de hoy?

_____
_____

¿Cuáles son las consecuencias positivas, y negativas que enfrentaras con tus acciones del día de hoy?

_____
_____
_____

**Abril 11**

**Mi misión es matar el tiempo, y la del tiempo es matarme en su turno a mí, Qué cómodo se encuentra uno entre asesinos.**

**-Emil Michael Cioran**

¿Cuáles son las 3 actividades más importantes que necesitas realizar el día de hoy?

_____
_____
_____

¿Cuál es el resultado que quieres obtener de estas actividades?

_____
_____
_____

¿Cuál es el propósito de realizar estas actividades?

_____
_____
_____

¿Qué recursos necesitas para realizar estas actividades?

_____
_____
_____

**Al final del día anota en estas líneas si lograste completar las actividades más importantes.**

¿Hubo circunstancias que te impidieron cumplir con tus metas del día de hoy?

_____
_____
_____

¿Cuáles son las consecuencias positivas, y negativas que enfrentaras con tus acciones del día de hoy?

_____
_____
_____

**Abril 12**
**De nada sirve el correr, lo importante es el partir a tiempo.**
**-Jean De La Fontaine**

¿Cuáles son las 3 actividades más importantes que necesitas realizar el día de hoy?

_____
_____

¿Cuál es el resultado que quieres obtener de estas actividades?

_____
_____

¿Cuál es el propósito de realizar estas actividades?

_____
_____

¿Qué recursos necesitas para realizar estas actividades?

_____
_____

**Al final del día anota en estas líneas si lograste completar las actividades más importantes.**

¿Hubo circunstancias que te impidieron cumplir con tus metas del día de hoy?

_____
_____

¿Cuáles son las consecuencias positivas, y negativas que enfrentaras con tus acciones del día de hoy?

_____
_____

**Abril 13**

**Para grandes cosas mucho tiempo se requiere. -
Seneca**

¿Cuáles son las 3 actividades más importantes que necesitas realizar el día de
hoy?

_____
_____

¿Cuál es el resultado que quieres obtener de estas actividades?

_____
_____

¿Cuál es el propósito de realizar estas actividades?

_____
_____

¿Qué recursos necesitas para realizar estas actividades?

_____
_____

**Al final del día anota en estas líneas si lograste completar
las actividades más importantes.**

¿Hubo circunstancias que te impidieron cumplir con tus metas del día de hoy?

_____
_____

¿Cuáles son las consecuencias positivas, y negativas que enfrentaras con
tus acciones del día de hoy?

_____
_____

**Abril 14**
**Afortunado es el hombre que tiene tiempo para esperar.**
**-Calderón de la Barca**

¿Cuáles son las 3 actividades más importantes que necesitas realizar el día de hoy?

_____
_____

¿Cuál es el resultado que quieres obtener de estas actividades?

_____
_____

¿Cuál es el propósito de realizar estas actividades?

_____
_____

¿Qué recursos necesitas para realizar estas actividades?

_____
_____

**Al final del día anota en estas líneas si lograste completar**
**las actividades más importantes.**

¿Hubo circunstancias que te impidieron cumplir con tus metas del día de hoy?

_____
_____

¿Cuáles son las consecuencias positivas, y negativas que enfrentaras con
tus acciones del día de hoy?

_____
_____
_____

---

Abril 15

**Busca tiempo apropiado para dedicarte a ti mismo y piensa frecuentemente en los beneficios que te concede Dios.**
**-Tomas Kempis**

---

¿Cuáles son las 3 actividades más importantes que necesitas realizar el día de hoy?

_____
_____
_____

¿Cuál es el resultado que quieres obtener de estas actividades?

_____
_____

¿Cuál es el propósito de realizar estas actividades?

_____
_____
_____

¿Qué recursos necesitas para realizar estas actividades?

_____
_____

**Al final del día anota en estas líneas si lograste completar las actividades más importantes.**

¿Hubo circunstancias que te impidieron cumplir con tus metas del día de hoy?

_____
_____

¿Cuáles son las consecuencias positivas, y negativas que enfrentaras con tus acciones del día de hoy?

_____
_____

**Abril 16**
**Cada día es una pequeña vida.**
**-Autor desconocido**

¿Cuáles son las 3 actividades más importantes que necesitas realizar el día de hoy?

_____

_____

_____

¿Cuál es el resultado que quieres obtener de estas actividades?

_____

_____

_____

¿Cuál es el propósito de realizar estas actividades?

_____

_____

_____

¿Qué recursos necesitas para realizar estas actividades?

_____

_____

**Al final del día anota en estas líneas si lograste completar**
**las actividades más importantes.**

¿Hubo circunstancias que te impidieron cumplir con tus metas del día de hoy?

_____

_____

¿Cuáles son las consecuencias positivas, y negativas que enfrentaras con tus acciones del día de hoy?

_____

_____

_____

## Abril 17
## Conoce el verdadero valor del tiempo: cógelo y disfruta cada momento de él. Philip Dormer - Stanhope Lord Chesterfield

¿Cuáles son las 3 actividades más importantes que necesitas realizar el día de hoy?

_____
_____
_____

¿Cuál es el resultado que quieres obtener de estas actividades?

_____
_____
_____

¿Cuál es el propósito de realizar estas actividades?

_____
_____
_____

¿Qué recursos necesitas para realizar estas actividades?

_____
_____

**Al final del día anota en estas líneas si lograste completar las actividades más importantes.**

¿Hubo circunstancias que te impidieron cumplir con tus metas del día de hoy?

_____
_____

¿Cuáles son las consecuencias positivas, y negativas que enfrentaras con tus acciones del día de hoy?

_____
_____
_____

**Abril 18**

**Cuando llega el tiempo en que se podría, ha pasado aquél en el que se pudo.**

**-Marie von Eschenbag**

¿Cuáles son las 3 actividades más importantes que necesitas realizar el día de hoy?

_____

_____

_____

¿Cuál es el resultado que quieres obtener de estas actividades?

_____

_____

¿Cuál es el propósito de realizar estas actividades?

_____

_____

¿Qué recursos necesitas para realizar estas actividades?

_____

_____

**Al final del día anota en estas líneas si lograste completar las actividades más importantes.**

¿Hubo circunstancias que te impidieron cumplir con tus metas del día de hoy?

_____

_____

¿Cuáles son las consecuencias positivas, y negativas que enfrentaras con tus acciones del día de hoy?

_____

_____

**Abril 19**

**Cuando todos los días resulten iguales es porque el hombre ha dejado de percibir las cosas buenas que surgen en su vida cada vez que el sol cruza el cielo.**
**-Paulo Coelho**

¿Cuáles son las 3 actividades más importantes que necesitas realizar el día de hoy?

_____

_____

_____

¿Cuál es el resultado que quieres obtener de estas actividades?

_____

_____

_____

¿Cuál es el propósito de realizar estas actividades?

_____

_____

_____

¿Qué recursos necesitas para realizar estas actividades?

_____

_____

_____

**Al final del día anota en estas líneas si lograste completar**
**las actividades más importantes.**

¿Hubo circunstancias que te impidieron cumplir con tus metas del día de hoy?

_____

_____

_____

¿Cuáles son las consecuencias positivas, y negativas que enfrentaras con tus acciones del día de hoy?

_____

_____

_____

**Abril 20**
**El día es excesivamente largo para quien no lo sabe apreciar y emplear.**
**-Johann Wolfgang von Goethe**

¿Cuáles son las 3 actividades más importantes que necesitas realizar el día de hoy?

_____
_____
_____

¿Cuál es el resultado que quieres obtener de estas actividades?

_____
_____
_____

¿Cuál es el propósito de realizar estas actividades?

_____
_____
_____

¿Qué recursos necesitas para realizar estas actividades?

_____
_____
_____

**Al final del día anota en estas líneas si lograste completar las actividades más importantes.**

¿Hubo circunstancias que te impidieron cumplir con tus metas del día de hoy?

_____
_____

¿Cuáles son las consecuencias positivas, y negativas que enfrentaras con tus acciones del día de hoy?

_____
_____
_____

**Abril 21**
**El día precedente enseña el día que sigue.**
**-Píndaro**

¿Cuáles son las 3 actividades más importantes que necesitas realizar el día de hoy?

_____
_____
_____

¿Cuál es el resultado que quieres obtener de estas actividades?

_____
_____

¿Cuál es el propósito de realizar estas actividades?

_____
_____

¿Qué recursos necesitas para realizar estas actividades?

_____
_____

**Al final del día anota en estas líneas si lograste completar**
**las actividades más importantes.**
¿Hubo circunstancias que te impidieron cumplir con tus metas del día de hoy?

_____
_____

¿Cuáles son las consecuencias positivas, y negativas que enfrentaras con tus acciones del día de hoy?

_____
_____

**Abril 22**
**El día tiene el color que el pintor da con su pincelada.**
**-Alicia Beatriz Angélica Araujo**

¿Cuáles son las 3 actividades más importantes que necesitas realizar el día de hoy?

_____
_____
_____

¿Cuál es el resultado que quieres obtener de estas actividades?

_____
_____
_____

¿Cuál es el propósito de realizar estas actividades?

_____
_____
_____

¿Qué recursos necesitas para realizar estas actividades?

_____
_____

**Al final del día anota en estas líneas si lograste completar las actividades más importantes.**

¿Hubo circunstancias que te impidieron cumplir con tus metas del día de hoy?

_____
_____

¿Cuáles son las consecuencias positivas, y negativas que enfrentaras con tus acciones del día de hoy?

_____
_____
_____

**Abril 23**
**El hombre es un experimento; el tiempo demostrará si valía la pena.**
**- Mark Twain**

¿Cuáles son las 3 actividades más importantes que necesitas realizar el día de hoy?

_____
_____
_____

¿Cuál es el resultado que quieres obtener de estas actividades?

_____
_____
_____

¿Cuál es el propósito de realizar estas actividades?

_____
_____
_____

¿Qué recursos necesitas para realizar estas actividades?

_____
_____
_____

**Al final del día anota en estas líneas si lograste completar**
**las actividades más importantes.**

¿Hubo circunstancias que te impidieron cumplir con tus metas del día de hoy?

_____
_____

¿Cuáles son las consecuencias positivas, y negativas que enfrentaras con tus acciones del día de hoy?

_____
_____
_____

**Abril 24**
**El mejor legado de un padre a sus hijos es un poco de su tiempo cada día.**
**-O. A. Battista**

¿Cuáles son las 3 actividades más importantes que necesitas realizar el día de hoy?

_____
_____
_____

¿Cuál es el resultado que quieres obtener de estas actividades?

_____
_____

¿Cuál es el propósito de realizar estas actividades?

_____
_____

¿Qué recursos necesitas para realizar estas actividades?

_____

**Al final del día anota en estas líneas si lograste completar**
**las actividades más importantes.**

¿Hubo circunstancias que te impidieron cumplir con tus metas del día de hoy?

_____
_____

¿Cuáles son las consecuencias positivas, y negativas que enfrentaras con tus acciones del día de hoy?

_____
_____

**Abril 25**
**El tiempo es como un circo; siempre está**
**empacando y marchándose.**
**-Ben Hecht**

¿Cuáles son las 3 actividades más importantes que necesitas realizar el día de hoy?

_____
_____
_____

¿Cuál es el resultado que quieres obtener de estas actividades?

_____
_____
_____

¿Cuál es el propósito de realizar estas actividades?

_____
_____
_____

¿Qué recursos necesitas para realizar estas actividades?

_____
_____

**Al final del día anota en estas líneas si lograste completar**
**las actividades más importantes.**

¿Hubo circunstancias que te impidieron cumplir con tus metas del día de hoy?

_____
_____

¿Cuáles son las consecuencias positivas, y negativas que enfrentaras con tus acciones del día de hoy?

_____
_____

**Abril 26**
**Gasta tu dinero y sólo estarás sin dinero, pero gasta tu tiempo y habrás perdido parte de tu vida. -**
**Michael Leboeuf**

¿Cuáles son las 3 actividades más importantes que necesitas realizar el día de hoy?

_____
_____
_____

¿Cuál es el resultado que quieres obtener de estas actividades?

_____
_____
_____

¿Cuál es el propósito de realizar estas actividades?

_____
_____

¿Qué recursos necesitas para realizar estas actividades?

_____
_____

**Al final del día anota en estas líneas si lograste completar**
**las actividades más importantes.**
¿Hubo circunstancias que te impidieron cumplir con tus metas del día de hoy?

_____
_____

¿Cuáles son las consecuencias positivas, y negativas que enfrentaras con tus acciones del día de hoy?

_____
_____
_____

**Abril 27**

**La gente vulgar sólo piensa en pasar el tiempo; el que tiene talento… en aprovecharlo.**

**-Arthur Schopenhauer**

¿Cuáles son las 3 actividades más importantes que necesitas realizar el día de hoy?

_____

_____

_____

¿Cuál es el resultado que quieres obtener de estas actividades?

_____

_____

¿Cuál es el propósito de realizar estas actividades?

_____

_____

¿Qué recursos necesitas para realizar estas actividades?

_____

_____

**Al final del día anota en estas líneas si lograste completar las actividades más importantes.**

¿Hubo circunstancias que te impidieron cumplir con tus metas del día de hoy?

_____

_____

¿Cuáles son las consecuencias positivas, y negativas que enfrentaras con tus acciones del día de hoy?

_____

_____

**Abril 28**

**La mayoría de personas gastan más tiempo en hablar de los problemas que en afrontarlos.**

**-Henry Ford**

¿Cuáles son las 3 actividades más importantes que necesitas realizar el día de hoy?

_____

_____

_____

¿Cuál es el resultado que quieres obtener de estas actividades?

_____

_____

¿Cuál es el propósito de realizar estas actividades?

_____

_____

¿Qué recursos necesitas para realizar estas actividades?

_____

_____

**Al final del día anota en estas líneas si lograste completar las actividades más importantes.**

¿Hubo circunstancias que te impidieron cumplir con tus metas del día de hoy?

_____

_____

¿Cuáles son las consecuencias positivas, y negativas que enfrentaras con tus acciones del día de hoy?

_____

_____

_____

**Abril 29**

**Los años arrugan la piel, pero renunciar al entusiasmo arruga el alma.**

**-Albert Schweitzer**

¿Cuáles son las 3 actividades más importantes que necesitas realizar el día de hoy?

_____
_____
_____

¿Cuál es el resultado que quieres obtener de estas actividades?

_____
_____
_____

¿Cuál es el propósito de realizar estas actividades?

_____
_____
_____

¿Qué recursos necesitas para realizar estas actividades?

_____
_____
_____

**Al final del día anota en estas líneas si lograste completar las actividades más importantes.**

¿Hubo circunstancias que te impidieron cumplir con tus metas del día de hoy?

_____
_____

¿Cuáles son las consecuencias positivas, y negativas que enfrentaras con tus acciones del día de hoy?

_____
_____
_____

**Abril 30**
**No es el tiempo el que nos falta. Somos nosotros quienes le faltamos a él.**
**-Paul Claudel**

¿Cuáles son las 3 actividades más importantes que necesitas realizar el día de hoy?

_____
_____
_____

¿Cuál es el resultado que quieres obtener de estas actividades?

_____
_____

¿Cuál es el propósito de realizar estas actividades?

_____
_____
_____

¿Qué recursos necesitas para realizar estas actividades?

_____
_____

**Al final del día anota en estas líneas si lograste completar**
**las actividades más importantes.**
¿Hubo circunstancias que te impidieron cumplir con tus metas del día de hoy?

_____
_____

¿Cuáles son las consecuencias positivas, y negativas que enfrentaras con tus acciones del día de hoy?

_____
_____

**Mayo 1**
**No hay días malos para el que es bueno.**
**-Eusebio Gómez Navarro**

¿Cuáles son las 3 actividades más importantes que necesitas realizar el día de hoy?

_____
_____
_____

¿Cuál es el resultado que quieres obtener de estas actividades?

_____
_____
_____

¿Cuál es el propósito de realizar estas actividades?

_____
_____
_____

¿Qué recursos necesitas para realizar estas actividades?

_____
_____

**Al final del día anota en estas líneas si lograste completar**
**las actividades más importantes.**

¿Hubo circunstancias que te impidieron cumplir con tus metas del día de hoy?

_____
_____
_____

¿Cuáles son las consecuencias positivas, y negativas que enfrentaras con tus acciones del día de hoy?

_____
_____
_____

**Mayo 2**
**No malgastes el tiempo, pues de esa materia está**
**formada la vida.**
**-Benjamín Franklin**

¿Cuáles son las 3 actividades más importantes que necesitas realizar el día de hoy?

_____
_____
_____

¿Cuál es el resultado que quieres obtener de estas actividades?

_____
_____
_____

¿Cuál es el propósito de realizar estas actividades?

_____
_____
_____

¿Qué recursos necesitas para realizar estas actividades?

_____
_____

**Al final del día anota en estas líneas si lograste completar**
**las actividades más importantes.**

¿Hubo circunstancias que te impidieron cumplir con tus metas del día de hoy?

_____
_____

¿Cuáles son las consecuencias positivas, y negativas que enfrentaras con
tus acciones del día de hoy?

_____
_____
_____

---

**Mayo 3**

**No midas por años, sino por el arte y la forma que has adoptado para vivirlos.**

**-Zenaida Bacardí de Argamasilla**

---

¿Cuáles son las 3 actividades más importantes que necesitas realizar el día de hoy?

_____

_____

¿Cuál es el resultado que quieres obtener de estas actividades?

_____

_____

¿Cuál es el propósito de realizar estas actividades?

_____

_____

¿Qué recursos necesitas para realizar estas actividades?

_____

_____

**Al final del día anota en estas líneas si lograste completar las actividades más importantes.**

¿Hubo circunstancias que te impidieron cumplir con tus metas del día de hoy?

_____

_____

¿Cuáles son las consecuencias positivas, y negativas que enfrentaras con tus acciones del día de hoy?

_____

_____

**Mayo 4**
**No ocultes nada porque el tiempo que lo ve todo**
**y lo oye todo, todo también lo revela.**
**-Sófocles**

¿Cuáles son las 3 actividades más importantes que necesitas realizar el día de hoy?

_____

_____

_____

¿Cuál es el resultado que quieres obtener de estas actividades?

_____

_____

_____

¿Cuál es el propósito de realizar estas actividades?

_____

_____

_____

¿Qué recursos necesitas para realizar estas actividades?

_____

_____

_____

**Al final del día anota en estas líneas si lograste completar**
**las actividades más importantes.**

¿Hubo circunstancias que te impidieron cumplir con tus metas del día de hoy?

_____

_____

¿Cuáles son las consecuencias positivas, y negativas que enfrentaras con
tus acciones del día de hoy?

_____

_____

_____

**Mayo 5**
**No se pierde el tiempo que se emplea en procurar hacer bien.**
**-Concepción Arenal**

¿Cuáles son las 3 actividades más importantes que necesitas realizar el día de hoy?

_____

_____

_____

¿Cuál es el resultado que quieres obtener de estas actividades?

_____

_____

_____

¿Cuál es el propósito de realizar estas actividades?

_____

_____

_____

¿Qué recursos necesitas para realizar estas actividades?

_____

_____

**Al final del día anota en estas líneas si lograste completar las actividades más importantes.**

¿Hubo circunstancias que te impidieron cumplir con tus metas del día de hoy?

_____

_____

¿Cuáles son las consecuencias positivas, y negativas que enfrentaras con tus acciones del día de hoy?

_____

_____

**Mayo 6**

**No tengas miedo de hacer algo que te cueste mucho tiempo. El tiempo pasara de todas formas, por eso debemos utilizar bien el tiempo que pasa. -Earl Nightingale**

¿Cuáles son las 3 actividades más importantes que necesitas realizar el día de hoy?

_____
_____
_____

¿Cuál es el resultado que quieres obtener de estas actividades?

_____
_____
_____

¿Cuál es el propósito de realizar estas actividades?

_____
_____
_____

¿Qué recursos necesitas para realizar estas actividades?

_____
_____

**Al final del día anota en estas líneas si lograste completar las actividades más importantes.**

¿Hubo circunstancias que te impidieron cumplir con tus metas del día de hoy?

_____
_____

¿Cuáles son las consecuencias positivas, y negativas que enfrentaras con tus acciones del día de hoy?

_____
_____

**Mayo 7**
**Nunca encontrarás tiempo para nada. Debes crearlo.**
**-Charles Buxton**

¿Cuáles son las 3 actividades más importantes que necesitas realizar el día de hoy?

_____

_____

_____

¿Cuál es el resultado que quieres obtener de estas actividades?

_____

_____

¿Cuál es el propósito de realizar estas actividades?

_____

_____

¿Qué recursos necesitas para realizar estas actividades?

_____

_____

**Al final del día anota en estas líneas si lograste completar**
**las actividades más importantes.**
¿Hubo circunstancias que te impidieron cumplir con tus metas del día de hoy?

_____

_____

¿Cuáles son las consecuencias positivas, y negativas que enfrentaras con tus acciones del día de hoy?

_____

_____

**Mayo 8**
**Por muy lentamente que os parezca que pasan las horas, os parecerán cortas si pensáis que nunca más han de volverá pasar.**
**-Aldous Huxley**

¿Cuáles son las 3 actividades más importantes que necesitas realizar el día de hoy?

_____
_____
_____

¿Cuál es el resultado que quieres obtener de estas actividades?

_____
_____
_____

¿Cuál es el propósito de realizar estas actividades?

_____
_____
_____

¿Qué recursos necesitas para realizar estas actividades?

_____
_____

**Al final del día anota en estas líneas si lograste completar**
**las actividades más importantes.**

¿Hubo circunstancias que te impidieron cumplir con tus metas del día de hoy?

_____
_____

¿Cuáles son las consecuencias positivas, y negativas que enfrentaras con tus acciones del día de hoy?

_____
_____
_____

**Mayo 9**
**Si hay algo que no existe en la vida de cualquier persona, es un día sin importancia.**
**-Alexander Woollcott**

¿Cuáles son las 3 actividades más importantes que necesitas realizar el día de hoy?

_____
_____
_____

¿Cuál es el resultado que quieres obtener de estas actividades?

_____
_____
_____

¿Cuál es el propósito de realizar estas actividades?

_____
_____
_____

¿Qué recursos necesitas para realizar estas actividades?

_____
_____

**Al final del día anota en estas líneas si lograste completar las actividades más importantes.**
¿Hubo circunstancias que te impidieron cumplir con tus metas del día de hoy?

_____
_____

¿Cuáles son las consecuencias positivas, y negativas que enfrentaras con tus acciones del día de hoy?

_____
_____
_____

---

**Mayo 10**

**Suceda lo que suceda, aún en los días más borrascosos, las horas y el tiempo pasan.**

**-William Shakespeare**

---

¿Cuáles son las 3 actividades más importantes que necesitas realizar el día de hoy?

_____

_____

_____

¿Cuál es el resultado que quieres obtener de estas actividades?

_____

_____

_____

¿Cuál es el propósito de realizar estas actividades?

_____

_____

_____

¿Qué recursos necesitas para realizar estas actividades?

_____

_____

_____

**Al final del día anota en estas líneas si lograste completar las actividades más importantes.**

¿Hubo circunstancias que te impidieron cumplir con tus metas del día de hoy?

_____

_____

¿Cuáles son las consecuencias positivas, y negativas que enfrentaras con tus acciones del día de hoy?

_____

_____

**Mayo 11**
**Todas las cosas nos son ajenas; sólo el tiempo es**
**nuestro.**
**-Lucio Anneo Séneca**

¿Cuáles son las 3 actividades más importantes que necesitas realizar el día de hoy?

¿Cuál es el resultado que quieres obtener de estas actividades?

¿Cuál es el propósito de realizar estas actividades?

¿Qué recursos necesitas para realizar estas actividades?

**Al final del día anota en estas líneas si lograste completar**
**las actividades más importantes.**
¿Hubo circunstancias que te impidieron cumplir con tus metas del día de hoy?

¿Cuáles son las consecuencias positivas, y negativas que enfrentaras con tus acciones del día de hoy?

**Mayo 12**

**Todos los días debiéramos preocuparnos por escuchar buena música, leer hermosos poemas, extasiarnos en lindas pinturas y hablar palabras razonables.**

**-Johann Wolfgang von Goethe**

¿Cuáles son las 3 actividades más importantes que necesitas realizar el día de hoy?

_____

_____

¿Cuál es el resultado que quieres obtener de estas actividades?

_____

_____

¿Cuál es el propósito de realizar estas actividades?

_____

_____

¿Qué recursos necesitas para realizar estas actividades?

_____

_____

**Al final del día anota en estas líneas si lograste completar las actividades más importantes.**

¿Hubo circunstancias que te impidieron cumplir con tus metas del día de hoy?

_____

_____

¿Cuáles son las consecuencias positivas, y negativas que enfrentaras con tus acciones del día de hoy?

_____

_____

**Mayo 13**
**Tómate tiempo para deliberar, pero cuando llegue la hora de la acción deja de pensar y actúa.**
**-Andrew Jackson**

¿Cuáles son las 3 actividades más importantes que necesitas realizar el día de hoy?

_____
_____
_____

¿Cuál es el resultado que quieres obtener de estas actividades?

_____
_____

¿Cuál es el propósito de realizar estas actividades?

_____
_____

¿Qué recursos necesitas para realizar estas actividades?

_____
_____

Al final del día anota en estas líneas si lograste completar
las actividades más importantes.

¿Hubo circunstancias que te impidieron cumplir con tus metas del día de hoy?

_____
_____

¿Cuáles son las consecuencias positivas, y negativas que enfrentaras con
tus acciones del día de hoy?

_____
_____
_____

**Mayo 14**
**Un minuto que pasa es irrecuperable. Conociendo esto, ¿cómo podemos malgastar tantas horas?**
**-Mohandas Karamchand Gandhi**

¿Cuáles son las 3 actividades más importantes que necesitas realizar el día de hoy?

_____
_____
_____

¿Cuál es el resultado que quieres obtener de estas actividades?

_____
_____

¿Cuál es el propósito de realizar estas actividades?

_____
_____

¿Qué recursos necesitas para realizar estas actividades?

_____
_____

Al final del día anota en estas líneas si lograste completar las actividades más importantes.
¿Hubo circunstancias que te impidieron cumplir con tus metas del día de hoy?

_____
_____

¿Cuáles son las consecuencias positivas, y negativas que enfrentaras con tus acciones del día de hoy?

_____
_____
_____

**Mayo 15**
**Utilicemos el tiempo como herramienta, no como vehículo.**
**-John Fitzgerald Kennedy**

¿Cuáles son las 3 actividades más importantes que necesitas realizar el día de hoy?

_____
_____

¿Cuál es el resultado que quieres obtener de estas actividades?

_____
_____

¿Cuál es el propósito de realizar estas actividades?

_____
_____

¿Qué recursos necesitas para realizar estas actividades?

_____
_____

**Al final del día anota en estas líneas si lograste completar**
**las actividades más importantes.**

¿Hubo circunstancias que te impidieron cumplir con tus metas del día de hoy?

_____
_____

¿Cuáles son las consecuencias positivas, y negativas que enfrentaras con tus acciones del día de hoy?

_____
_____

**Mayo 16**

**Se puede engañar a algunos todo el tiempo y a todos algún tiempo, pero no se puede engañar a todos todo el tiempo.**

**-Abraham Lincoln**

¿Cuáles son las 3 actividades más importantes que necesitas realizar el día de hoy?

_____
_____
_____

¿Cuál es el resultado que quieres obtener de estas actividades?

_____
_____

¿Cuál es el propósito de realizar estas actividades?

_____
_____

¿Qué recursos necesitas para realizar estas actividades?

_____
_____

**Al final del día anota en estas líneas si lograste completar las actividades más importantes.**

¿Hubo circunstancias que te impidieron cumplir con tus metas del día de hoy?

_____
_____

¿Cuáles son las consecuencias positivas, y negativas que enfrentaras con tus acciones del día de hoy?

_____
_____
_____

**Mayo 17**
**Las tres cosas más difíciles de esta vida son: guardar un secreto, perdonar un agravio y aprovechar el tiempo.**
**- Benjamin Franklin**

¿Cuáles son las 3 actividades más importantes que necesitas realizar el día de hoy?

_____
_____
_____

¿Cuál es el resultado que quieres obtener de estas actividades?

_____
_____

¿Cuál es el propósito de realizar estas actividades?

_____
_____

¿Qué recursos necesitas para realizar estas actividades?

_____
_____

**Al final del día anota en estas líneas si lograste completar las actividades más importantes.**

¿Hubo circunstancias que te impidieron cumplir con tus metas del día de hoy?

_____
_____

¿Cuáles son las consecuencias positivas, y negativas que enfrentaras con tus acciones del día de hoy?

_____
_____
_____

**Mayo 18**
**La ventaja se la lleva aquel que aprovecha el**
**momento oportuno.**
**-Johann Wolfgang Goethe**

¿Cuáles son las 3 actividades más importantes que necesitas realizar el día de hoy?

_____
_____
_____

¿Cuál es el resultado que quieres obtener de estas actividades?

_____
_____

¿Cuál es el propósito de realizar estas actividades?

_____
_____

¿Qué recursos necesitas para realizar estas actividades?

_____
_____

**Al final del día anota en estas líneas si lograste completar**
**las actividades más importantes.**

¿Hubo circunstancias que te impidieron cumplir con tus metas del día de hoy?

_____
_____

¿Cuáles son las consecuencias positivas, y negativas que enfrentaras con tus acciones del día de hoy?

_____
_____

**Mayo 19**
**Aprovecha la oportunidad en todas las cosas; no hay mérito mayor.**
**- Píndaro**

¿Cuáles son las 3 actividades más importantes que necesitas realizar el día de hoy?

_____
_____

¿Cuál es el resultado que quieres obtener de estas actividades?

_____
_____

¿Cuál es el propósito de realizar estas actividades?

_____
_____

¿Qué recursos necesitas para realizar estas actividades?

_____
_____

**Al final del día anota en estas líneas si lograste completar las actividades más importantes.**

¿Hubo circunstancias que te impidieron cumplir con tus metas del día de hoy?

_____
_____

¿Cuáles son las consecuencias positivas, y negativas que enfrentaras con tus acciones del día de hoy?

_____
_____

**Mayo 20**
**Tengo un día. Si lo sé aprovechar, tengo un tesoro.**
**- Gabriela Mistral**

¿Cuáles son las 3 actividades más importantes que necesitas realizar el día de hoy?

_____
_____

¿Cuál es el resultado que quieres obtener de estas actividades?

_____
_____

¿Cuál es el propósito de realizar estas actividades?

_____
_____

¿Qué recursos necesitas para realizar estas actividades?

_____
_____

**Al final del día anota en estas líneas si lograste completar las actividades más importantes.**

¿Hubo circunstancias que te impidieron cumplir con tus metas del día de hoy?

_____
_____

¿Cuáles son las consecuencias positivas, y negativas que enfrentaras con tus acciones del día de hoy?

_____
_____

**Mayo 21**
**Vive cada día como si fuera el único del que dispones para ser feliz, para gozar y para aprovechar el tiempo.**
**- Noel Clarasó**

¿Cuáles son las 3 actividades más importantes que necesitas realizar el día de hoy?

_____
_____
_____

¿Cuál es el resultado que quieres obtener de estas actividades?

_____
_____

¿Cuál es el propósito de realizar estas actividades?

_____
_____
_____

¿Qué recursos necesitas para realizar estas actividades?

_____
_____

**Al final del día anota en estas líneas si lograste completar las actividades más importantes.**

¿Hubo circunstancias que te impidieron cumplir con tus metas del día de hoy?

_____
_____

¿Cuáles son las consecuencias positivas, y negativas que enfrentaras con tus acciones del día de hoy?

_____
_____

**Mayo 22**
**La vida es muy peligrosa. No por las personas que hacen el mal, sino por las que se sientan a ver lo que pasa.**
**- Albert Einstein**

¿Cuáles son las 3 actividades más importantes que necesitas realizar el día de hoy?

_____

_____

_____

_____

¿Cuál es el resultado que quieres obtener de estas actividades?

_____

_____

¿Cuál es el propósito de realizar estas actividades?

_____

_____

¿Qué recursos necesitas para realizar estas actividades?

_____

_____

**Al final del día anota en estas líneas si lograste completar las actividades más importantes.**

¿Hubo circunstancias que te impidieron cumplir con tus metas del día de hoy?

_____

_____

¿Cuáles son las consecuencias positivas, y negativas que enfrentaras con tus acciones del día de hoy?

_____

_____

**Mayo 23**

**Nunca te olvides de sonreír, porque el día en que no sonrías será un día perdido.**

**-Charles Chaplin**

¿Cuáles son las 3 actividades más importantes que necesitas realizar el día de hoy?

_____

_____

¿Cuál es el resultado que quieres obtener de estas actividades?

_____

_____

¿Cuál es el propósito de realizar estas actividades?

_____

_____

¿Qué recursos necesitas para realizar estas actividades?

_____

_____

**Al final del día anota en estas líneas si lograste completar las actividades más importantes.**

¿Hubo circunstancias que te impidieron cumplir con tus metas del día de hoy?

_____

_____

¿Cuáles son las consecuencias positivas, y negativas que enfrentaras con tus acciones del día de hoy?

_____

_____

_____

**Mayo 24**
**Dale a cada día la posibilidad de convertirse en**
**el mejor día de tu vida.**
**- Autor desconocido**

¿Cuáles son las 3 actividades más importantes que necesitas realizar el día de hoy?

_____
_____
_____

¿Cuál es el resultado que quieres obtener de estas actividades?

_____
_____

¿Cuál es el propósito de realizar estas actividades?

_____
_____

¿Qué recursos necesitas para realizar estas actividades?

_____
_____

**Al final del día anota en estas líneas si lograste completar**
**las actividades más importantes.**
¿Hubo circunstancias que te impidieron cumplir con tus metas del día de hoy?

_____
_____

¿Cuáles son las consecuencias positivas, y negativas que enfrentaras con tus acciones del día de hoy?

_____
_____

**Mayo 25**
**La vida es aquello que te va sucediendo mientras**
**te empeñas en hacer otros planes.**
**— John Lennon**

¿Cuáles son las 3 actividades más importantes que necesitas realizar el día de hoy?

_____
_____
_____

¿Cuál es el resultado que quieres obtener de estas actividades?

_____
_____

¿Cuál es el propósito de realizar estas actividades?

_____
_____

¿Qué recursos necesitas para realizar estas actividades?

_____
_____

**Al final del día anota en estas líneas si lograste completar**
**las actividades más importantes.**

¿Hubo circunstancias que te impidieron cumplir con tus metas del día de hoy?

_____
_____

¿Cuáles son las consecuencias positivas, y negativas que enfrentaras con tus acciones del día de hoy?

_____
_____
_____

**Mayo 26**
**No puedes detener la primavera, pero la puedes**
**aprovechar al máximo.**
**- Friedrich Hebbel**

¿Cuáles son las 3 actividades más importantes que necesitas realizar el día de hoy?

_____
_____
_____

¿Cuál es el resultado que quieres obtener de estas actividades?

_____
_____
_____

¿Cuál es el propósito de realizar estas actividades?

_____
_____
_____

¿Qué recursos necesitas para realizar estas actividades?

_____
_____
_____

**Al final del día anota en estas líneas si lograste completar**
**las actividades más importantes.**
¿Hubo circunstancias que te impidieron cumplir con tus metas del día de hoy?

_____
_____

¿Cuáles son las consecuencias positivas, y negativas que enfrentaras con
tus acciones del día de hoy?

_____
_____
_____

**Mayo 27**
**Aprovecha el día. No dejes que termine sin haber crecido un poco, sin haber sido un poco más feliz, sin haber alimentado tus sueños.**
**- Walt Whitman**

¿Cuáles son las 3 actividades más importantes que necesitas realizar el día de hoy?

_____
_____
_____

¿Cuál es el resultado que quieres obtener de estas actividades?

_____
_____
_____

¿Cuál es el propósito de realizar estas actividades?

_____
_____
_____

¿Qué recursos necesitas para realizar estas actividades?

_____
_____
_____

**Al final del día anota en estas líneas si lograste completar las actividades más importantes.**

¿Hubo circunstancias que te impidieron cumplir con tus metas del día de hoy?

_____
_____

¿Cuáles son las consecuencias positivas, y negativas que enfrentaras con tus acciones del día de hoy?

_____
_____
_____

**Mayo 28**

**Vive como si este fuera el último día de tu vida, porque el mañana es inseguro, el ayer no te pertenece y solamente el hoy es tuyo.**

**- Autor desconocido**

¿Cuáles son las 3 actividades más importantes que necesitas realizar el día de hoy?

_____
_____
_____

¿Cuál es el resultado que quieres obtener de estas actividades?

_____
_____

¿Cuál es el propósito de realizar estas actividades?

_____
_____

¿Qué recursos necesitas para realizar estas actividades?

_____

**Al final del día anota en estas líneas si lograste completar las actividades más importantes.**

¿Hubo circunstancias que te impidieron cumplir con tus metas del día de hoy?

_____
_____

¿Cuáles son las consecuencias positivas, y negativas que enfrentaras con tus acciones del día de hoy?

_____
_____

**Mayo 29**
**No se puede vivir de esta forma negativa.**
**Simplemente cambia tu día viviendo en positivo.**
**-Bob Marley**

¿Cuáles son las 3 actividades más importantes que necesitas realizar el día de hoy?

_____

_____

_____

¿Cuál es el resultado que quieres obtener de estas actividades?

_____

_____

¿Cuál es el propósito de realizar estas actividades?

_____

_____

¿Qué recursos necesitas para realizar estas actividades?

_____

_____

**Al final del día anota en estas líneas si lograste completar**
**las actividades más importantes.**

¿Hubo circunstancias que te impidieron cumplir con tus metas del día de hoy?

_____

_____

¿Cuáles son las consecuencias positivas, y negativas que enfrentaras con tus acciones del día de hoy?

_____

_____

**Mayo 30**
**Prefiero vivir un día como un tigre que cien años como un cordero.**
**– Iñaki Ochoa de Olza**

¿Cuáles son las 3 actividades más importantes que necesitas realizar el día de hoy?

_____
_____
_____

¿Cuál es el resultado que quieres obtener de estas actividades?

_____
_____

¿Cuál es el propósito de realizar estas actividades?

_____
_____

¿Qué recursos necesitas para realizar estas actividades?

_____
_____

**Al final del día anota en estas líneas si lograste completar**
**las actividades más importantes.**

¿Hubo circunstancias que te impidieron cumplir con tus metas del día de hoy?

_____
_____

¿Cuáles son las consecuencias positivas, y negativas que enfrentaras con tus acciones del día de hoy?

_____
_____

**Mayo 31**
**No hagas de tu vida un borrador, tal vez no**
**tengas tiempo de pasarlo en limpio.**
**- Autor desconocido**

¿Cuáles son las 3 actividades más importantes que necesitas realizar el día de hoy?

_____
_____
_____

¿Cuál es el resultado que quieres obtener de estas actividades?

_____
_____

¿Cuál es el propósito de realizar estas actividades?

_____
_____

¿Qué recursos necesitas para realizar estas actividades?

_____
_____

**Al final del día anota en estas líneas si lograste completar**
**las actividades más importantes.**

¿Hubo circunstancias que te impidieron cumplir con tus metas del día de hoy?

_____
_____

¿Cuáles son las consecuencias positivas, y negativas que enfrentaras con
tus acciones del día de hoy?

_____
_____

**Junio 1**
**Hay que vivir intensamente, no es un día más, es un día menos.**
**- Autor desconocido**

¿Cuáles son las 3 actividades más importantes que necesitas realizar el día de hoy?

_____
_____
_____

¿Cuál es el resultado que quieres obtener de estas actividades?

_____
_____

¿Cuál es el propósito de realizar estas actividades?

_____
_____
_____

¿Qué recursos necesitas para realizar estas actividades?

_____
_____

**Al final del día anota en estas líneas si lograste completar las actividades más importantes.**

¿Hubo circunstancias que te impidieron cumplir con tus metas del día de hoy?

_____
_____

¿Cuáles son las consecuencias positivas, y negativas que enfrentaras con tus acciones del día de hoy?

_____
_____

**Junio 2**
**Si vives cada día de tu vida como si fuera el último, algún día realmente tendrás razón.**
**— Steve Jobs**

¿Cuáles son las 3 actividades más importantes que necesitas realizar el día de hoy?

_____
_____
_____

¿Cuál es el resultado que quieres obtener de estas actividades?

_____
_____
_____

¿Cuál es el propósito de realizar estas actividades?

_____
_____
_____

¿Qué recursos necesitas para realizar estas actividades?

_____
_____

**Al final del día anota en estas líneas si lograste completar las actividades más importantes.**

¿Hubo circunstancias que te impidieron cumplir con tus metas del día de hoy?

_____
_____

¿Cuáles son las consecuencias positivas, y negativas que enfrentaras con tus acciones del día de hoy?

_____
_____

**Junio 3**
**Realiza cada una de tus acciones como si fuera**
**la última de tu vida.**
**- Marco Aurelio**

¿Cuáles son las 3 actividades más importantes que necesitas realizar el día de hoy?

_____
_____
_____

¿Cuál es el resultado que quieres obtener de estas actividades?

_____
_____

¿Cuál es el propósito de realizar estas actividades?

_____
_____
_____

¿Qué recursos necesitas para realizar estas actividades?

_____
_____

**Al final del día anota en estas líneas si lograste completar**
**las actividades más importantes.**
¿Hubo circunstancias que te impidieron cumplir con tus metas del día de hoy?

_____
_____

¿Cuáles son las consecuencias positivas, y negativas que enfrentaras con
tus acciones del día de hoy?

_____
_____
_____

**Junio 4**

**La vida es tan corta y el oficio de vivir tan difícil, que cuando uno empieza a aprenderlo, ya hay que morirse.**

**- Joaquín Sabina**

¿Cuáles son las 3 actividades más importantes que necesitas realizar el día de hoy?

_____

_____

¿Cuál es el resultado que quieres obtener de estas actividades?

_____

_____

¿Cuál es el propósito de realizar estas actividades?

_____

_____

¿Qué recursos necesitas para realizar estas actividades?

_____

_____

**Al final del día anota en estas líneas si lograste completar las actividades más importantes.**

¿Hubo circunstancias que te impidieron cumplir con tus metas del día de hoy?

_____

_____

¿Cuáles son las consecuencias positivas, y negativas que enfrentaras con tus acciones del día de hoy?

_____

_____

_____

**Junio 5**
**Una vida aprovechada cometiendo errores no es sólo más honorable, sino que incluso más útil que vivirla haciendo nada.**
**- George Bernard Shaw**

¿Cuáles son las 3 actividades más importantes que necesitas realizar el día de hoy?

_____
_____
_____

¿Cuál es el resultado que quieres obtener de estas actividades?

_____
_____

¿Cuál es el propósito de realizar estas actividades?

_____
_____

¿Qué recursos necesitas para realizar estas actividades?

_____
_____

**Al final del día anota en estas líneas si lograste completar las actividades más importantes.**

¿Hubo circunstancias que te impidieron cumplir con tus metas del día de hoy?

_____
_____

¿Cuáles son las consecuencias positivas, y negativas que enfrentaras con tus acciones del día de hoy?

_____
_____

**Junio 6**
**Desecha la idea de convertirte en alguien, pues ya eres una obra de arte. No puedes ser mejorado.**
**- Osho**

¿Cuáles son las 3 actividades más importantes que necesitas realizar el día de hoy?

_____

_____

¿Cuál es el resultado que quieres obtener de estas actividades?

_____

_____

¿Cuál es el propósito de realizar estas actividades?

_____

_____

¿Qué recursos necesitas para realizar estas actividades?

_____

_____

**Al final del día anota en estas líneas si lograste completar las actividades más importantes.**

¿Hubo circunstancias que te impidieron cumplir con tus metas del día de hoy?

_____

_____

¿Cuáles son las consecuencias positivas, y negativas que enfrentaras con tus acciones del día de hoy?

_____

_____

**Junio 7**
**La vida es muy peligrosa. No por las personas que hacen el mal, sino por las que se sientan a ver lo que pasa.**
**- Albert Einstein**

¿Cuáles son las 3 actividades más importantes que necesitas realizar el día de hoy?

_____

_____

¿Cuál es el resultado que quieres obtener de estas actividades?

_____

_____

¿Cuál es el propósito de realizar estas actividades?

_____

_____

¿Qué recursos necesitas para realizar estas actividades?

_____

_____

**Al final del día anota en estas líneas si lograste completar**
**las actividades más importantes.**
¿Hubo circunstancias que te impidieron cumplir con tus metas del día de hoy?

_____

_____

¿Cuáles son las consecuencias positivas, y negativas que enfrentaras con tus acciones del día de hoy?

_____

_____

_____

**Junio 8**
**Deja de pensar en la vida y resuélvete a vivirla.**
**- Paulo Coelho**

¿Cuáles son las 3 actividades más importantes que necesitas realizar el día de hoy?

_____
_____
_____

¿Cuál es el resultado que quieres obtener de estas actividades?

_____
_____

¿Cuál es el propósito de realizar estas actividades?

_____
_____

¿Qué recursos necesitas para realizar estas actividades?

_____
_____

**Al final del día anota en estas líneas si lograste completar**
**las actividades más importantes.**

¿Hubo circunstancias que te impidieron cumplir con tus metas del día de hoy?

_____
_____

¿Cuáles son las consecuencias positivas, y negativas que enfrentaras con
tus acciones del día de hoy?

_____
_____
_____

**Junio 9**

**Cuando una puerta se cierra, otra se abre; pero solemos enfocarnos demasiado en aquella que se cerró que no nos damos cuenta de las que se abrieron para nosotros.**

**-Alexander Graham Bell**

¿Cuáles son las 3 actividades más importantes que necesitas realizar el día de hoy?

_____

_____

_____

¿Cuál es el resultado que quieres obtener de estas actividades?

_____

_____

¿Cuál es el propósito de realizar estas actividades?

_____

_____

¿Qué recursos necesitas para realizar estas actividades?

_____

_____

**Al final del día anota en estas líneas si lograste completar las actividades más importantes.**

¿Hubo circunstancias que te impidieron cumplir con tus metas del día de hoy?

_____

_____

¿Cuáles son las consecuencias positivas, y negativas que enfrentaras con tus acciones del día de hoy?

_____

_____

_____

**Junio 10**

**Lo pedí todo a fin de poder disfrutar de la vida, y se me dio la vida de manera que pudiese gozar de todo.**

**-Desconocido**

¿Cuáles son las 3 actividades más importantes que necesitas realizar el día de hoy?

_____

_____

_____

¿Cuál es el resultado que quieres obtener de estas actividades?

_____

_____

¿Cuál es el propósito de realizar estas actividades?

_____

_____

¿Qué recursos necesitas para realizar estas actividades?

_____

_____

**Al final del día anota en estas líneas si lograste completar las actividades más importantes.**

¿Hubo circunstancias que te impidieron cumplir con tus metas del día de hoy?

_____

_____

¿Cuáles son las consecuencias positivas, y negativas que enfrentaras con tus acciones del día de hoy?

_____

_____

**Junio 11**

Cuando estás en el presente, sin brincar al futuro, el milagro sucede. Estar en el momento presente es el milagro.

– Osho

¿Cuáles son las 3 actividades más importantes que necesitas realizar el día de hoy?

_____

_____

¿Cuál es el resultado que quieres obtener de estas actividades?

_____

_____

¿Cuál es el propósito de realizar estas actividades?

_____

_____

¿Qué recursos necesitas para realizar estas actividades?

_____

_____

**Al final del día anota en estas líneas si lograste completar las actividades más importantes.**

¿Hubo circunstancias que te impidieron cumplir con tus metas del día de hoy?

_____

_____

¿Cuáles son las consecuencias positivas, y negativas que enfrentaras con tus acciones del día de hoy?

_____

_____

**Junio 12**
**Vale más hacer la cosa más insignificante del mundo, que estar media hora sin hacer nada.**
**-Goethe**

¿Cuáles son las 3 actividades más importantes que necesitas realizar el día de hoy?

_____

_____

_____

¿Cuál es el resultado que quieres obtener de estas actividades?

_____

_____

¿Cuál es el propósito de realizar estas actividades?

_____

_____

¿Qué recursos necesitas para realizar estas actividades?

_____

_____

**Al final del día anota en estas líneas si lograste completar las actividades más importantes.**

¿Hubo circunstancias que te impidieron cumplir con tus metas del día de hoy?

_____

_____

¿Cuáles son las consecuencias positivas, y negativas que enfrentaras con tus acciones del día de hoy?

_____

_____

**Junio 13**

Hay una diferencia entre ser pobre y estar quebrado. Uno puede estar quebrado temporalmente, uno es pobre eternamente. - Robert Kiyosaki, autor de "Padre rico padre pobre"

¿Cuáles son las 3 actividades más importantes que necesitas realizar el día de hoy?

_____

_____

_____

¿Cuál es el resultado que quieres obtener de estas actividades?

_____

_____

¿Cuál es el propósito de realizar estas actividades?

_____

_____

¿Qué recursos necesitas para realizar estas actividades?

_____

_____

**Al final del día anota en estas líneas si lograste completar las actividades más importantes.**

¿Hubo circunstancias que te impidieron cumplir con tus metas del día de hoy?

_____

_____

¿Cuáles son las consecuencias positivas, y negativas que enfrentaras con tus acciones del día de hoy?

_____

_____

**Junio 14**
**El futuro pertenece a quienes creen en la belleza**
**de sus sueños.**
**-Eleanor Roosvelt**

¿Cuáles son las 3 actividades más importantes que necesitas realizar el día de hoy?

_____
_____
_____

¿Cuál es el resultado que quieres obtener de estas actividades?

_____
_____

¿Cuál es el propósito de realizar estas actividades?

_____
_____

¿Qué recursos necesitas para realizar estas actividades?

_____
_____

**Al final del día anota en estas líneas si lograste completar**
**las actividades más importantes.**

¿Hubo circunstancias que te impidieron cumplir con tus metas del día de hoy?

_____
_____

¿Cuáles son las consecuencias positivas, y negativas que enfrentaras con
tus acciones del día de hoy?

_____
_____

**Junio 15**
**No hay secretos para el éxito. Este se alcanza**
**preparándose, trabajando arduamente y**
**aprendiendo del fracaso.**
**- Colin Powell.**

¿Cuáles son las 3 actividades más importantes que necesitas realizar el día de hoy?

_____
_____
_____

¿Cuál es el resultado que quieres obtener de estas actividades?

_____
_____

¿Cuál es el propósito de realizar estas actividades?

_____
_____

¿Qué recursos necesitas para realizar estas actividades?

_____
_____

**Al final del día anota en estas líneas si lograste completar**
**las actividades más importantes.**
¿Hubo circunstancias que te impidieron cumplir con tus metas del día de hoy?

_____
_____

¿Cuáles son las consecuencias positivas, y negativas que enfrentaras con tus acciones del día de hoy?

_____
_____

**Junio 16**
**El fracaso derrota a los perdedores e inspira a los ganadores.**
**-Robert T. Kiyosaki.**

¿Cuáles son las 3 actividades más importantes que necesitas realizar el día de hoy?

_____
_____
_____

¿Cuál es el resultado que quieres obtener de estas actividades?

_____
_____
_____

¿Cuál es el propósito de realizar estas actividades?

_____
_____
_____

¿Qué recursos necesitas para realizar estas actividades?

_____
_____

**Al final del día anota en estas líneas si lograste completar**
**las actividades más importantes.**

¿Hubo circunstancias que te impidieron cumplir con tus metas del día de hoy?

_____
_____

¿Cuáles son las consecuencias positivas, y negativas que enfrentaras con tus acciones del día de hoy?

_____
_____
_____

**Junio 17**
**Invertir tiempo y dinero en conocimientos**
**produce siempre los mejores beneficios.**
**- Benjamin Franklin**

¿Cuáles son las 3 actividades más importantes que necesitas realizar el día de hoy?

_____

_____

_____

¿Cuál es el resultado que quieres obtener de estas actividades?

_____

_____

_____

¿Cuál es el propósito de realizar estas actividades?

_____

_____

_____

¿Qué recursos necesitas para realizar estas actividades?

_____

_____

_____

**Al final del día anota en estas líneas si lograste completar**
**las actividades más importantes.**

¿Hubo circunstancias que te impidieron cumplir con tus metas del día de hoy?

_____

_____

¿Cuáles son las consecuencias positivas, y negativas que enfrentaras con tus acciones del día de hoy?

_____

_____

**Junio 18**
**Casi todo lo que realice será insignificante, pero**
**es muy importante que lo haga.**
**-Mahatma Gandhi.**

¿Cuáles son las 3 actividades más importantes que necesitas realizar el día de hoy?

_____
_____
_____

¿Cuál es el resultado que quieres obtener de estas actividades?

_____
_____

¿Cuál es el propósito de realizar estas actividades?

_____
_____

¿Qué recursos necesitas para realizar estas actividades?

_____
_____
_____

**Al final del día anota en estas líneas si lograste completar**
**las actividades más importantes.**

¿Hubo circunstancias que te impidieron cumplir con tus metas del día de hoy?

_____
_____

¿Cuáles son las consecuencias positivas, y negativas que enfrentaras con tus acciones del día de hoy?

_____
_____

**Junio 19**
**No nos atrevemos a muchas cosas porque son difíciles, pero son difíciles porque no nos atrevemos a hacerlas.**
**- Lucio Anneo Séneca.**

¿Cuáles son las 3 actividades más importantes que necesitas realizar el día de hoy?

_____
_____
_____

¿Cuál es el resultado que quieres obtener de estas actividades?

_____
_____

¿Cuál es el propósito de realizar estas actividades?

_____
_____
_____

¿Qué recursos necesitas para realizar estas actividades?

_____
_____

**Al final del día anota en estas líneas si lograste completar**
**las actividades más importantes.**

¿Hubo circunstancias que te impidieron cumplir con tus metas del día de hoy?

_____
_____

¿Cuáles son las consecuencias positivas, y negativas que enfrentaras con tus acciones del día de hoy?

_____
_____
_____

**Junio 20**
**Sólo triunfa en el mundo quien se levanta y busca a las circunstancias y las crea si no las encuentra.**
**-George Bernard Shaw.**

¿Cuáles son las 3 actividades más importantes que necesitas realizar el día de hoy?

_____
_____
_____

¿Cuál es el resultado que quieres obtener de estas actividades?

_____
_____

¿Cuál es el propósito de realizar estas actividades?

_____
_____

¿Qué recursos necesitas para realizar estas actividades?

_____
_____

**Al final del día anota en estas líneas si lograste completar las actividades más importantes.**

¿Hubo circunstancias que te impidieron cumplir con tus metas del día de hoy?

_____
_____

¿Cuáles son las consecuencias positivas, y negativas que enfrentaras con tus acciones del día de hoy?

_____
_____

**Junio 21**
**Un verdadero perdedor es alguien que tiene tanto miedo a no ganar que no lo intenta. - Grandpa, en la película Little Miss Sunshine, 2006.**

¿Cuáles son las 3 actividades más importantes que necesitas realizar el día de hoy?

_____
_____
_____

¿Cuál es el resultado que quieres obtener de estas actividades?

_____
_____

¿Cuál es el propósito de realizar estas actividades?

_____
_____
_____

¿Qué recursos necesitas para realizar estas actividades?

_____
_____

**Al final del día anota en estas líneas si lograste completar**
**las actividades más importantes.**
¿Hubo circunstancias que te impidieron cumplir con tus metas del día de hoy?

_____
_____

¿Cuáles son las consecuencias positivas, y negativas que enfrentaras con
tus acciones del día de hoy?

_____
_____

**Junio 22**
**Si buscas resultados distintos, no hagas siempre lo mismo.**
**-Albert Einstein.**

¿Cuáles son las 3 actividades más importantes que necesitas realizar el día de hoy?

_____
_____
_____

¿Cuál es el resultado que quieres obtener de estas actividades?

_____
_____
_____

¿Cuál es el propósito de realizar estas actividades?

_____
_____
_____

¿Qué recursos necesitas para realizar estas actividades?

_____
_____

**Al final del día anota en estas líneas si lograste completar las actividades más importantes.**

¿Hubo circunstancias que te impidieron cumplir con tus metas del día de hoy?

_____
_____

¿Cuáles son las consecuencias positivas, y negativas que enfrentaras con tus acciones del día de hoy?

_____
_____
_____

**Junio 23**
**El cerebro no es un vaso por llenar, sino una lámpara por encender.**
**- Plutarco**

¿Cuáles son las 3 actividades más importantes que necesitas realizar el día de hoy?

_____
_____
_____

¿Cuál es el resultado que quieres obtener de estas actividades?

_____
_____

¿Cuál es el propósito de realizar estas actividades?

_____
_____
_____

¿Qué recursos necesitas para realizar estas actividades?

_____
_____

**Al final del día anota en estas líneas si lograste completar**
**las actividades más importantes.**
¿Hubo circunstancias que te impidieron cumplir con tus metas del día de hoy?

_____
_____

¿Cuáles son las consecuencias positivas, y negativas que enfrentaras con tus acciones del día de hoy?

_____
_____

**Junio 24**

**En las batallas te das cuenta que los planes son inservibles, pero hacer planes indispensable. - Dwight E. Eisenhower**

¿Cuáles son las 3 actividades más importantes que necesitas realizar el día de hoy?

_____
_____
_____

¿Cuál es el resultado que quieres obtener de estas actividades?

_____
_____
_____

¿Cuál es el propósito de realizar estas actividades?

_____
_____
_____

¿Qué recursos necesitas para realizar estas actividades?

_____
_____
_____

**Al final del día anota en estas líneas si lograste completar las actividades más importantes.**

¿Hubo circunstancias que te impidieron cumplir con tus metas del día de hoy?

_____
_____

¿Cuáles son las consecuencias positivas, y negativas que enfrentaras con tus acciones del día de hoy?

_____
_____
_____

**Junio 25**
**No he fracasado. He encontrado 10 mil formas**
**que no funcionan.**
**-Thomas Edison**

¿Cuáles son las 3 actividades más importantes que necesitas realizar el día de hoy?

_____
_____
_____

¿Cuál es el resultado que quieres obtener de estas actividades?

_____
_____
_____

¿Cuál es el propósito de realizar estas actividades?

_____
_____
_____

¿Qué recursos necesitas para realizar estas actividades?

_____
_____

**Al final del día anota en estas líneas si lograste completar**
**las actividades más importantes.**

¿Hubo circunstancias que te impidieron cumplir con tus metas del día de hoy?

_____
_____

¿Cuáles son las consecuencias positivas, y negativas que enfrentaras con
tus acciones del día de hoy?

_____
_____
_____

**Junio 26**

**Tengo seis honestos sirvientes (ellos me enseñaron todo lo que sé): Sus nombres son Qué, Por qué, Cuándo, Cómo, Dónde y Quién. - Rudyard Kipling**

¿Cuáles son las 3 actividades más importantes que necesitas realizar el día de hoy?

_____

_____

_____

¿Cuál es el resultado que quieres obtener de estas actividades?

_____

_____

¿Cuál es el propósito de realizar estas actividades?

_____

_____

¿Qué recursos necesitas para realizar estas actividades?

_____

_____

**Al final del día anota en estas líneas si lograste completar las actividades más importantes.**

¿Hubo circunstancias que te impidieron cumplir con tus metas del día de hoy?

_____

_____

¿Cuáles son las consecuencias positivas, y negativas que enfrentaras con tus acciones del día de hoy?

_____

_____

**Junio 27**
**Saber no es suficiente; tenemos que aplicarlo.**
**Tener voluntad no es suficiente: tenemos que**
**implementarla.**
 **-Goethe**

¿Cuáles son las 3 actividades más importantes que necesitas realizar el día de hoy?

_____

_____

_____

¿Cuál es el resultado que quieres obtener de estas actividades?

_____

_____

¿Cuál es el propósito de realizar estas actividades?

_____

_____

¿Qué recursos necesitas para realizar estas actividades?

_____

_____

**Al final del día anota en estas líneas si lograste completar**
**las actividades más importantes.**

¿Hubo circunstancias que te impidieron cumplir con tus metas del día de hoy?

_____

_____

¿Cuáles son las consecuencias positivas, y negativas que enfrentaras con
tus acciones del día de hoy?

_____

_____

**Junio 28**
**Somos dueños de nuestro destino. Somos capitanes de nuestra alma.**
**-Winston Churchill**

¿Cuáles son las 3 actividades más importantes que necesitas realizar el día de hoy?

_____
_____
_____

¿Cuál es el resultado que quieres obtener de estas actividades?

_____
_____

¿Cuál es el propósito de realizar estas actividades?

_____
_____

¿Qué recursos necesitas para realizar estas actividades?

_____
_____

**Al final del día anota en estas líneas si lograste completar**
**las actividades más importantes.**

¿Hubo circunstancias que te impidieron cumplir con tus metas del día de hoy?

_____
_____

¿Cuáles son las consecuencias positivas, y negativas que enfrentaras con tus acciones del día de hoy?

_____
_____

**Junio 29**

**Trata de no convertirte en un hombre de éxito sino más bien trata de convertirte en un hombre de valor.**

**-Albert Einstein**

¿Cuáles son las 3 actividades más importantes que necesitas realizar el día de hoy?

_____

_____

_____

¿Cuál es el resultado que quieres obtener de estas actividades?

_____

_____

¿Cuál es el propósito de realizar estas actividades?

_____

_____

¿Qué recursos necesitas para realizar estas actividades?

_____

_____

**Al final del día anota en estas líneas si lograste completar las actividades más importantes.**

¿Hubo circunstancias que te impidieron cumplir con tus metas del día de hoy?

_____

_____

¿Cuáles son las consecuencias positivas, y negativas que enfrentaras con tus acciones del día de hoy?

_____

_____

**Junio 30**
**El fracaso es la oportunidad de comenzar de nuevo con más inteligencia.**
**-Henry Ford**

¿Cuáles son las 3 actividades más importantes que necesitas realizar el día de hoy?

_____
_____
_____

¿Cuál es el resultado que quieres obtener de estas actividades?

_____
_____

¿Cuál es el propósito de realizar estas actividades?

_____
_____
_____

¿Qué recursos necesitas para realizar estas actividades?

_____
_____

**Al final del día anota en estas líneas si lograste completar las actividades más importantes.**

¿Hubo circunstancias que te impidieron cumplir con tus metas del día de hoy?

_____
_____
_____

¿Cuáles son las consecuencias positivas, y negativas que enfrentaras con tus acciones del día de hoy?

_____
_____
_____

**Julio 1**
**Siempre que te pregunten si puedes hacer un trabajo, contesta que sí y ponte enseguida a aprender cómo se hace.**
**-Franklin D. Roosevelt.**

¿Cuáles son las 3 actividades más importantes que necesitas realizar el día de hoy?

_____
_____
_____

¿Cuál es el resultado que quieres obtener de estas actividades?

_____
_____

¿Cuál es el propósito de realizar estas actividades?

_____
_____

¿Qué recursos necesitas para realizar estas actividades?

_____
_____

**Al final del día anota en estas líneas si lograste completar**
**las actividades más importantes.**
¿Hubo circunstancias que te impidieron cumplir con tus metas del día de hoy?

_____
_____

¿Cuáles son las consecuencias positivas, y negativas que enfrentaras con tus acciones del día de hoy?

_____
_____
_____

**Julio 2**

Una máquina puede hacer el <u>trabajo</u> de 50 hombres corrientes. Pero no existe ninguna máquina que pueda hacer el <u>trabajo</u> de un hombre extraordinario.

-Elbert Hubbard.

¿Cuáles son las 3 actividades más importantes que necesitas realizar el día de hoy?

_____

_____

_____

¿Cuál es el resultado que quieres obtener de estas actividades?

_____

_____

¿Cuál es el propósito de realizar estas actividades?

_____

_____

¿Qué recursos necesitas para realizar estas actividades?

_____

_____

**Al final del día anota en estas líneas si lograste completar las actividades más importantes.**

¿Hubo circunstancias que te impidieron cumplir con tus metas del día de hoy?

_____

_____

¿Cuáles son las consecuencias positivas, y negativas que enfrentaras con tus acciones del día de hoy?

_____

_____

**Julio 3**
**La mejor forma de predecir el futuro es crearlo.**
**-Abraham Lincoln**

¿Cuáles son las 3 actividades más importantes que necesitas realizar el día de hoy?

_____

_____

¿Cuál es el resultado que quieres obtener de estas actividades?

_____

_____

¿Cuál es el propósito de realizar estas actividades?

_____

_____

¿Qué recursos necesitas para realizar estas actividades?

_____

_____

**Al final del día anota en estas líneas si lograste completar**
**las actividades más importantes.**

¿Hubo circunstancias que te impidieron cumplir con tus metas del día de hoy?

_____

_____

¿Cuáles son las consecuencias positivas, y negativas que enfrentaras con
tus acciones del día de hoy?

_____

_____

**Julio 4**
**La forma de comenzar es dejar de hablar y comenzar a hacer.**
**-Walt Disney**

¿Cuáles son las 3 actividades más importantes que necesitas realizar el día de hoy?

_____
_____
_____

¿Cuál es el resultado que quieres obtener de estas actividades?

_____
_____

¿Cuál es el propósito de realizar estas actividades?

_____
_____

¿Qué recursos necesitas para realizar estas actividades?

_____
_____

Al final del día anota en estas líneas si lograste completar las actividades más importantes.
¿Hubo circunstancias que te impidieron cumplir con tus metas del día de hoy?

_____
_____

¿Cuáles son las consecuencias positivas, y negativas que enfrentaras con tus acciones del día de hoy?

_____
_____
_____

**Julio 5**
**Tu actitud, no tu aptitud, determinará tu altitud.-Zig Ziglar.**

¿Cuáles son las 3 actividades más importantes que necesitas realizar el día de hoy?

_____

_____

¿Cuál es el resultado que quieres obtener de estas actividades?

_____

_____

¿Cuál es el propósito de realizar estas actividades?

_____

_____

¿Qué recursos necesitas para realizar estas actividades?

_____

_____

**Al final del día anota en estas líneas si lograste completar**
**las actividades más importantes.**

¿Hubo circunstancias que te impidieron cumplir con tus metas del día de hoy?

_____

_____

¿Cuáles son las consecuencias positivas, y negativas que enfrentaras con tus acciones del día de hoy?

_____

_____

**Julio 6**
**Tu tiempo es limitado, así que no lo**
**desperdicies viviendo la vida de alguien más.**
**— Steve Jobs.**

¿Cuáles son las 3 actividades más importantes que necesitas realizar el día de hoy?

_____
_____
_____

¿Cuál es el resultado que quieres obtener de estas actividades?

_____
_____

¿Cuál es el propósito de realizar estas actividades?

_____
_____
_____

¿Qué recursos necesitas para realizar estas actividades?

_____
_____

**Al final del día anota en estas líneas si lograste completar**
**las actividades más importantes.**

¿Hubo circunstancias que te impidieron cumplir con tus metas del día de hoy?

_____
_____

¿Cuáles son las consecuencias positivas, y negativas que enfrentaras con tus acciones del día de hoy?

_____
_____
_____

**Julio 7**
**Una buena Administración del Tiempo encuentra tiempo para todo, siempre estableciendo por adelantado aquello que es para ti. – Anónimo**

¿Cuáles son las 3 actividades más importantes que necesitas realizar el día de hoy?

_____

_____

_____

¿Cuál es el resultado que quieres obtener de estas actividades?

_____

_____

¿Cuál es el propósito de realizar estas actividades?

_____

_____

¿Qué recursos necesitas para realizar estas actividades?

_____

_____

**Al final del día anota en estas líneas si lograste completar**
**las actividades más importantes.**

¿Hubo circunstancias que te impidieron cumplir con tus metas del día de hoy?

_____

_____

¿Cuáles son las consecuencias positivas, y negativas que enfrentaras con tus acciones del día de hoy?

_____

_____

**Julio 8**

**Las razones de tanta pérdida de tiempo pueden atribuirse a una falta de concentración y de atención, además de distracciones y diversiones innecesarias. – Anónimo**

¿Cuáles son las 3 actividades más importantes que necesitas realizar el día de hoy?

_____

_____

¿Cuál es el resultado que quieres obtener de estas actividades?

_____

_____

¿Cuál es el propósito de realizar estas actividades?

_____

_____

¿Qué recursos necesitas para realizar estas actividades?

_____

_____

**Al final del día anota en estas líneas si lograste completar las actividades más importantes.**

¿Hubo circunstancias que te impidieron cumplir con tus metas del día de hoy?

_____

_____

¿Cuáles son las consecuencias positivas, y negativas que enfrentaras con tus acciones del día de hoy?

_____

_____

**Julio 9**

**Nunca te rindas, porque eso es sólo el lugar y hora en que la marea cambiará. – Harriet Beecher Stowe**

¿Cuáles son las 3 actividades más importantes que necesitas realizar el día de hoy?

_____

_____

_____

¿Cuál es el resultado que quieres obtener de estas actividades?

_____

_____

¿Cuál es el propósito de realizar estas actividades?

_____

_____

¿Qué recursos necesitas para realizar estas actividades?

_____

_____

**Al final del día anota en estas líneas si lograste completar las actividades más importantes.**

¿Hubo circunstancias que te impidieron cumplir con tus metas del día de hoy?

_____

_____

¿Cuáles son las consecuencias positivas, y negativas que enfrentaras con tus acciones del día de hoy?

_____

_____

**Julio 10**

**Seguimos avanzando, abriendo nuevas puertas y haciendo cosas nuevas, porque somos curiosos y la curiosidad nos mantiene líderes de nuevos caminos. – Walt Disney**

¿Cuáles son las 3 actividades más importantes que necesitas realizar el día de hoy?

_____

_____

¿Cuál es el resultado que quieres obtener de estas actividades?

_____

_____

¿Cuál es el propósito de realizar estas actividades?

_____

_____

¿Qué recursos necesitas para realizar estas actividades?

_____

_____

**Al final del día anota en estas líneas si lograste completar las actividades más importantes.**

¿Hubo circunstancias que te impidieron cumplir con tus metas del día de hoy?

_____

_____

¿Cuáles son las consecuencias positivas, y negativas que enfrentaras con tus acciones del día de hoy?

_____

_____

**Julio 11**

**Cada gran sueño comienza con un soñador.**
**Recuerda siempre, que tienes en tu interior la**
**fuerza, la paciencia, el tiempo y la pasión para**
**alcanzar las estrellas y para cambiar el mundo.**
**– Harriet Tubman**

¿Cuáles son las 3 actividades más importantes que necesitas realizar el día de hoy?

_____
_____
_____

¿Cuál es el resultado que quieres obtener de estas actividades?

_____
_____

¿Cuál es el propósito de realizar estas actividades?

_____
_____

¿Qué recursos necesitas para realizar estas actividades?

_____
_____

**Al final del día anota en estas líneas si lograste completar**
**las actividades más importantes.**

¿Hubo circunstancias que te impidieron cumplir con tus metas del día de hoy?

_____
_____

¿Cuáles son las consecuencias positivas, y negativas que enfrentaras con tus acciones del día de hoy?

_____
_____

**Julio 12**

**Las cosas están bien conmigo y aun cuando no lo están, se que lo van a estar muy pronto. Planea y ten paciencia. – Stephen Chbosky**

¿Cuáles son las 3 actividades más importantes que necesitas realizar el día de hoy?

_____

_____

¿Cuál es el resultado que quieres obtener de estas actividades?

_____

¿Cuál es el propósito de realizar estas actividades?

_____

_____

¿Qué recursos necesitas para realizar estas actividades?

_____

**Al final del día anota en estas líneas si lograste completar las actividades más importantes.**

¿Hubo circunstancias que te impidieron cumplir con tus metas del día de hoy?

_____

_____

¿Cuáles son las consecuencias positivas, y negativas que enfrentaras con tus acciones del día de hoy?

_____

_____

**Julio 13**

**Nacemos para vivir, por eso el capital más importante que tenemos es el tiempo, es tan corto nuestro paso por este planeta que es una pésima idea no gozar cada paso y cada instante, con el favor de una mente que no tiene límites y un corazón que puede amar mucho más de lo que suponemos.**

**- Facundo Cabral**

¿Cuáles son las 3 actividades más importantes que necesitas realizar el día de hoy?

_____

_____

_____

¿Cuál es el resultado que quieres obtener de estas actividades?

_____

_____

¿Cuál es el propósito de realizar estas actividades?

_____

_____

¿Qué recursos necesitas para realizar estas actividades?

_____

_____

**Al final del día anota en estas líneas si lograste completar las actividades más importantes.**

¿Hubo circunstancias que te impidieron cumplir con tus metas del día de hoy?

_____

_____

¿Cuáles son las consecuencias positivas, y negativas que enfrentaras con tus acciones del día de hoy?

_____

_____

**Julio 14**
**El tiempo y la marea ni se paran ni esperan.**
**- Refrán**

¿Cuáles son las 3 actividades más importantes que necesitas realizar el día de hoy?

_____
_____
_____

¿Cuál es el resultado que quieres obtener de estas actividades?

_____
_____
_____

¿Cuál es el propósito de realizar estas actividades?

_____
_____
_____

¿Qué recursos necesitas para realizar estas actividades?

_____
_____

**Al final del día anota en estas líneas si lograste completar**
**las actividades más importantes.**

¿Hubo circunstancias que te impidieron cumplir con tus metas del día de hoy?

_____
_____
_____

¿Cuáles son las consecuencias positivas, y negativas que enfrentaras con tus acciones del día de hoy?

_____
_____
_____

**Julio 15**
**Cuatro cosas hay que nunca vuelven más: una bala disparada, una palabra hablada, un tiempo pasado y una ocasión desaprovechada.**
**-Proverbio Árabe**

¿Cuáles son las 3 actividades más importantes que necesitas realizar el día de hoy?

_____

_____

_____

¿Cuál es el resultado que quieres obtener de estas actividades?

_____

_____

¿Cuál es el propósito de realizar estas actividades?

_____

_____

¿Qué recursos necesitas para realizar estas actividades?

_____

_____

**Al final del día anota en estas líneas si lograste completar las actividades más importantes.**

¿Hubo circunstancias que te impidieron cumplir con tus metas del día de hoy?

_____

_____

¿Cuáles son las consecuencias positivas, y negativas que enfrentaras con tus acciones del día de hoy?

_____

_____

_____

**Julio 16**
**El primer síntoma de que estamos matando nuestros sueños es la falta de tiempo.**
**- Paulo Coelho**

¿Cuáles son las 3 actividades más importantes que necesitas realizar el día de hoy?

_____
_____
_____

¿Cuál es el resultado que quieres obtener de estas actividades?

_____
_____

¿Cuál es el propósito de realizar estas actividades?

_____
_____

¿Qué recursos necesitas para realizar estas actividades?

_____
_____

**Al final del día anota en estas líneas si lograste completar
las actividades más importantes.**
¿Hubo circunstancias que te impidieron cumplir con tus metas del día de hoy?

_____
_____

¿Cuáles son las consecuencias positivas, y negativas que enfrentaras con
tus acciones del día de hoy?

_____
_____
_____

**Julio 17**
**Cinco minutos bastan para soñar toda una vida,**
**así de relativo es el tiempo.**
**-Mario Benedetti**

¿Cuáles son las 3 actividades más importantes que necesitas realizar el día de hoy?

_____
_____
_____

¿Cuál es el resultado que quieres obtener de estas actividades?

_____
_____

¿Cuál es el propósito de realizar estas actividades?

_____
_____

¿Qué recursos necesitas para realizar estas actividades?

_____
_____

**Al final del día anota en estas líneas si lograste completar**
**las actividades más importantes.**

¿Hubo circunstancias que te impidieron cumplir con tus metas del día de hoy?

_____
_____

¿Cuáles son las consecuencias positivas, y negativas que enfrentaras con tus acciones del día de hoy?

_____
_____

**Julio 18**
**No pierdas el tiempo afligiéndote por errores pasados; aprende de ellos y sigue adelante.**
**- Anónimo**

¿Cuáles son las 3 actividades más importantes que necesitas realizar el día de hoy?

_____
_____
_____

¿Cuál es el resultado que quieres obtener de estas actividades?

_____
_____

¿Cuál es el propósito de realizar estas actividades?

_____
_____
_____

¿Qué recursos necesitas para realizar estas actividades?

_____
_____

**Al final del día anota en estas líneas si lograste completar**
**las actividades más importantes.**

¿Hubo circunstancias que te impidieron cumplir con tus metas del día de hoy?

_____
_____
_____

¿Cuáles son las consecuencias positivas, y negativas que enfrentaras con tus acciones del día de hoy?

_____
_____
_____

**Julio 19**
**Y el que apetezca la gloria debe despedirse a tiempo del honor y dominar el arte difícil de irse en el momento oportuno. Friedrich Nietze**

¿Cuáles son las 3 actividades más importantes que necesitas realizar el día de hoy?

_____
_____
_____

¿Cuál es el resultado que quieres obtener de estas actividades?

_____
_____

¿Cuál es el propósito de realizar estas actividades?

_____
_____

¿Qué recursos necesitas para realizar estas actividades?

_____
_____

Al final del día anota en estas líneas si lograste completar las actividades más importantes.

¿Hubo circunstancias que te impidieron cumplir con tus metas del día de hoy?

_____
_____

¿Cuáles son las consecuencias positivas, y negativas que enfrentaras con tus acciones del día de hoy?

_____
_____

**Julio 20**
**El tiempo es una de las pocas cosas importantes que nos quedan.**
**- Salvador Dalí**

¿Cuáles son las 3 actividades más importantes que necesitas realizar el día de hoy?

_____
_____
_____

¿Cuál es el resultado que quieres obtener de estas actividades?

_____
_____

¿Cuál es el propósito de realizar estas actividades?

_____
_____

¿Qué recursos necesitas para realizar estas actividades?

_____
_____

**Al final del día anota en estas líneas si lograste completar**
**las actividades más importantes.**

¿Hubo circunstancias que te impidieron cumplir con tus metas del día de hoy?

_____
_____

¿Cuáles son las consecuencias positivas, y negativas que enfrentaras con tus acciones del día de hoy?

_____
_____

**Julio 21**

**Lo único que realmente nos pertenece es el tiempo: incluso aquel que no tiene otra cosa cuenta con eso.**

**- Baltasar Gracián**

¿Cuáles son las 3 actividades más importantes que necesitas realizar el día de hoy?

_____

_____

_____

¿Cuál es el resultado que quieres obtener de estas actividades?

_____

_____

¿Cuál es el propósito de realizar estas actividades?

_____

_____

¿Qué recursos necesitas para realizar estas actividades?

_____

_____

**Al final del día anota en estas líneas si lograste completar las actividades más importantes.**

¿Hubo circunstancias que te impidieron cumplir con tus metas del día de hoy?

_____

_____

¿Cuáles son las consecuencias positivas, y negativas que enfrentaras con tus acciones del día de hoy?

_____

_____

_____

**Julio 22**
**De nada sirve el correr, lo importante es el partir a tiempo.**
**- Jean De La Fontaine**

¿Cuáles son las 3 actividades más importantes que necesitas realizar el día de hoy?

_____
_____
_____

¿Cuál es el resultado que quieres obtener de estas actividades?

_____
_____

¿Cuál es el propósito de realizar estas actividades?

_____
_____

¿Qué recursos necesitas para realizar estas actividades?

_____
_____

**Al final del día anota en estas líneas si lograste completar**
**las actividades más importantes.**

¿Hubo circunstancias que te impidieron cumplir con tus metas del día de hoy?

_____
_____

¿Cuáles son las consecuencias positivas, y negativas que enfrentaras con tus acciones del día de hoy?

_____
_____
_____

**Julio 23**
**Para grandes cosas mucho tiempo se requiere.**
**- Séneca**

¿Cuáles son las 3 actividades más importantes que necesitas realizar el día de hoy?

_____

_____

¿Cuál es el resultado que quieres obtener de estas actividades?

_____

_____

¿Cuál es el propósito de realizar estas actividades?

_____

_____

¿Qué recursos necesitas para realizar estas actividades?

_____

_____

**Al final del día anota en estas líneas si lograste completar**
**las actividades más importantes.**

¿Hubo circunstancias que te impidieron cumplir con tus metas del día de hoy?

_____

_____

¿Cuáles son las consecuencias positivas, y negativas que enfrentaras con
tus acciones del día de hoy?

_____

_____

**Julio 24**

**Un buen remedio contra la enfermedad del yuppie: invierte más tiempo en tu trabajo que trabajo en tu tiempo.**

**-Friedrich Dürrenmatt**

¿Cuáles son las 3 actividades más importantes que necesitas realizar el día de hoy?

_____

_____

_____

¿Cuál es el resultado que quieres obtener de estas actividades?

_____

_____

¿Cuál es el propósito de realizar estas actividades?

_____

_____

¿Qué recursos necesitas para realizar estas actividades?

_____

_____

**Al final del día anota en estas líneas si lograste completar las actividades más importantes.**

¿Hubo circunstancias que te impidieron cumplir con tus metas del día de hoy?

_____

_____

¿Cuáles son las consecuencias positivas, y negativas que enfrentaras con tus acciones del día de hoy?

_____

_____

_____

**Julio 25**

**Todos los pozos profundos viven con lentitud sus experiencias: tienen que esperar largo tiempo hasta saber qué fue lo que cayó en su profundidad. -Friedrich Wilhelm Nietzsche**

¿Cuáles son las 3 actividades más importantes que necesitas realizar el día de hoy?

_____

_____

_____

¿Cuál es el resultado que quieres obtener de estas actividades?

_____

_____

¿Cuál es el propósito de realizar estas actividades?

_____

_____

¿Qué recursos necesitas para realizar estas actividades?

_____

_____

**Al final del día anota en estas líneas si lograste completar las actividades más importantes.**

¿Hubo circunstancias que te impidieron cumplir con tus metas del día de hoy?

_____

_____

¿Cuáles son las consecuencias positivas, y negativas que enfrentaras con tus acciones del día de hoy?

_____

_____

_____

Julio 26

**Mi verdad básica es que todo tiempo es un ahora en expansión. - Severo Ochoa**

¿Cuáles son las 3 actividades más importantes que necesitas realizar el día de hoy?

_____

_____

¿Cuál es el resultado que quieres obtener de estas actividades?

_____

_____

¿Cuál es el propósito de realizar estas actividades?

_____

_____

¿Qué recursos necesitas para realizar estas actividades?

_____

_____

**Al final del día anota en estas líneas si lograste completar las actividades más importantes.**

¿Hubo circunstancias que te impidieron cumplir con tus metas del día de hoy?

_____

_____

¿Cuáles son las consecuencias positivas, y negativas que enfrentaras con tus acciones del día de hoy?

_____

_____

**Julio 27**
**Confía en el tiempo, que suele dar dulces salidas**
**a muchas amargas dificultades.**
**- Miguel de Cervantes**

¿Cuáles son las 3 actividades más importantes que necesitas realizar el día de hoy?

_____
_____
_____

¿Cuál es el resultado que quieres obtener de estas actividades?

_____
_____

¿Cuál es el propósito de realizar estas actividades?

_____
_____

¿Qué recursos necesitas para realizar estas actividades?

_____
_____

**Al final del día anota en estas líneas si lograste completar**
**las actividades más importantes.**
¿Hubo circunstancias que te impidieron cumplir con tus metas del día de hoy?

_____
_____

¿Cuáles son las consecuencias positivas, y negativas que enfrentaras con tus acciones del día de hoy?

_____
_____

**Julio 28**
**Malgasté el tiempo. Ahora el tiempo me**
**malgasta a mí.**
**-William Shakespeare**

¿Cuáles son las 3 actividades más importantes que necesitas realizar el día de hoy?

_____
_____
_____

¿Cuál es el resultado que quieres obtener de estas actividades?

_____
_____

¿Cuál es el propósito de realizar estas actividades?

_____
_____

¿Qué recursos necesitas para realizar estas actividades?

_____
_____

**Al final del día anota en estas líneas si lograste completar**
**las actividades más importantes.**

¿Hubo circunstancias que te impidieron cumplir con tus metas del día de hoy?

_____
_____

¿Cuáles son las consecuencias positivas, y negativas que enfrentaras con
tus acciones del día de hoy?

_____
_____
_____

**Julio 29**
**Si quiere trabajadores creativos, dales tiempo suficiente para jugar.**
**- John Clesee**

¿Cuáles son las 3 actividades más importantes que necesitas realizar el día de hoy?

_____

_____

_____

¿Cuál es el resultado que quieres obtener de estas actividades?

_____

_____

¿Cuál es el propósito de realizar estas actividades?

_____

_____

¿Qué recursos necesitas para realizar estas actividades?

_____

_____

**Al final del día anota en estas líneas si lograste completar las actividades más importantes.**

¿Hubo circunstancias que te impidieron cumplir con tus metas del día de hoy?

_____

_____

¿Cuáles son las consecuencias positivas, y negativas que enfrentaras con tus acciones del día de hoy?

_____

_____

**Julio 30**

**Cuida los minutos y las horas se cuidarán de si mismas.**

**-Lord Chesterfield**

¿Cuáles son las 3 actividades más importantes que necesitas realizar el día de hoy?

_____

_____

_____

¿Cuál es el resultado que quieres obtener de estas actividades?

_____

_____

¿Cuál es el propósito de realizar estas actividades?

_____

_____

¿Qué recursos necesitas para realizar estas actividades?

_____

_____

**Al final del día anota en estas líneas si lograste completar las actividades más importantes.**

¿Hubo circunstancias que te impidieron cumplir con tus metas del día de hoy?

_____

_____

_____

¿Cuáles son las consecuencias positivas, y negativas que enfrentaras con tus acciones del día de hoy?

_____

_____

_____

**Julio 31**

**La vida siempre a prisa no puede llamarse vida.**
**-Anónimo**

¿Cuáles son las 3 actividades más importantes que necesitas realizar el día de hoy?

_____
_____
_____

¿Cuál es el resultado que quieres obtener de estas actividades?

_____
_____

¿Cuál es el propósito de realizar estas actividades?

_____
_____

¿Qué recursos necesitas para realizar estas actividades?

_____
_____

**Al final del día anota en estas líneas si lograste completar**
**las actividades más importantes.**

¿Hubo circunstancias que te impidieron cumplir con tus metas del día de hoy?

_____
_____

¿Cuáles son las consecuencias positivas, y negativas que enfrentaras con
tus acciones del día de hoy?

_____
_____

**Agosto 1**

Nos apresuramos a pasar por alto los pasos previos a la programación, para tener tiempo de arreglar los errores cometidos por apurarnos a pasar a la programación. - G Myers

¿Cuáles son las 3 actividades más importantes que necesitas realizar el día de hoy?

_____

_____

_____

¿Cuál es el resultado que quieres obtener de estas actividades?

_____

_____

¿Cuál es el propósito de realizar estas actividades?

_____

_____

¿Qué recursos necesitas para realizar estas actividades?

_____

_____

**Al final del día anota en estas líneas si lograste completar las actividades más importantes.**

¿Hubo circunstancias que te impidieron cumplir con tus metas del día de hoy?

_____

_____

¿Cuáles son las consecuencias positivas, y negativas que enfrentaras con tus acciones del día de hoy?

_____

_____

Agosto 2
**Cuando decimos que todo tiempo pasado fue mejor, estamos condenando el futuro sin conocerlo. -Francisco de Quevedo**

¿Cuáles son las 3 actividades más importantes que necesitas realizar el día de hoy?

_____
_____
_____

¿Cuál es el resultado que quieres obtener de estas actividades?

_____
_____

¿Cuál es el propósito de realizar estas actividades?

_____
_____
_____

¿Qué recursos necesitas para realizar estas actividades?

_____
_____

**Al final del día anota en estas líneas si lograste completar las actividades más importantes.**
¿Hubo circunstancias que te impidieron cumplir con tus metas del día de hoy?

_____
_____

¿Cuáles son las consecuencias positivas, y negativas que enfrentaras con tus acciones del día de hoy?

_____
_____

**Agosto 3**
**El tiempo empleado en un asunto es**
**inversamente proporcional a su importancia**
**económica. - Cyril Park**

¿Cuáles son las 3 actividades más importantes que necesitas realizar el día de hoy?

_____
_____
_____

¿Cuál es el resultado que quieres obtener de estas actividades?

_____
_____
_____

¿Cuál es el propósito de realizar estas actividades?

_____
_____
_____

¿Qué recursos necesitas para realizar estas actividades?

_____
_____
_____

**Al final del día anota en estas líneas si lograste completar**
**las actividades más importantes.**

¿Hubo circunstancias que te impidieron cumplir con tus metas del día de hoy?

_____
_____
_____

¿Cuáles son las consecuencias positivas, y negativas que enfrentaras con tus acciones del día de hoy?

_____
_____
_____

**Agosto 4**
**Se puede engañar a algunos todo el tiempo y a todos algún tiempo, pero no se puede engañar a todos todo el tiempo. - Abraham Lincoln**

¿Cuáles son las 3 actividades más importantes que necesitas realizar el día de hoy?

_____
_____
_____

¿Cuál es el resultado que quieres obtener de estas actividades?

_____
_____
_____

¿Cuál es el propósito de realizar estas actividades?

_____
_____
_____

¿Qué recursos necesitas para realizar estas actividades?

_____
_____

**Al final del día anota en estas líneas si lograste completar las actividades más importantes.**
¿Hubo circunstancias que te impidieron cumplir con tus metas del día de hoy?

_____
_____

¿Cuáles son las consecuencias positivas, y negativas que enfrentaras con tus acciones del día de hoy?

_____
_____

**Agosto 5**

**La gente dice que el tiempo lo cura todo, la verdad es que el tiempo no cura nada por si solo, lo que cura es la actitud que nosotros tenemos con respecto al problema…. - Alessandro Mazariegos**

¿Cuáles son las 3 actividades más importantes que necesitas realizar el día de hoy?

_____

_____

_____

¿Cuál es el resultado que quieres obtener de estas actividades?

_____

_____

¿Cuál es el propósito de realizar estas actividades?

_____

_____

¿Qué recursos necesitas para realizar estas actividades?

_____

_____

**Al final del día anota en estas líneas si lograste completar las actividades más importantes.**

¿Hubo circunstancias que te impidieron cumplir con tus metas del día de hoy?

_____

_____

¿Cuáles son las consecuencias positivas, y negativas que enfrentaras con tus acciones del día de hoy?

_____

_____

**Agosto 6**
**Los que emplean mal su tiempo son los primeros**
**en quejarse de su brevedad.**
**- Jean de la Bruyere**

¿Cuáles son las 3 actividades más importantes que necesitas realizar el día de hoy?

_____
_____
_____

¿Cuál es el resultado que quieres obtener de estas actividades?

_____
_____
_____

¿Cuál es el propósito de realizar estas actividades?

_____
_____
_____

¿Qué recursos necesitas para realizar estas actividades?

_____
_____

**Al final del día anota en estas líneas si lograste completar**
**las actividades más importantes.**
¿Hubo circunstancias que te impidieron cumplir con tus metas del día de hoy?

_____
_____

¿Cuáles son las consecuencias positivas, y negativas que enfrentaras con tus acciones del día de hoy?

_____
_____

**Agosto 7**
**No perdamos nada de nuestro tiempo; quizá los**
**hubo más bellos, pero este es el nuestro.**
**- Jean Paul Satre**

¿Cuáles son las 3 actividades más importantes que necesitas realizar el día de hoy?

_____
_____
_____

¿Cuál es el resultado que quieres obtener de estas actividades?

_____
_____
_____

¿Cuál es el propósito de realizar estas actividades?

_____
_____
_____

¿Qué recursos necesitas para realizar estas actividades?

_____
_____

**Al final del día anota en estas líneas si lograste completar**
**las actividades más importantes.**
¿Hubo circunstancias que te impidieron cumplir con tus metas del día de hoy?

_____
_____

¿Cuáles son las consecuencias positivas, y negativas que enfrentaras con
tus acciones del día de hoy?

_____
_____
_____

Agosto 8
**Podemos recuperar el terrero perdido. El**
**tiempo perdido, no.**
**- Napoleón Bonaparte**

¿Cuáles son las 3 actividades más importantes que necesitas realizar el día de
hoy?

_____
_____
_____

¿Cuál es el resultado que quieres obtener de estas actividades?

_____
_____

¿Cuál es el propósito de realizar estas actividades?

_____
_____

¿Qué recursos necesitas para realizar estas actividades?

_____
_____

**Al final del día anota en estas líneas si lograste completar**
**las actividades más importantes.**
¿Hubo circunstancias que te impidieron cumplir con tus metas del día de hoy?

_____
_____

¿Cuáles son las consecuencias positivas, y negativas que enfrentaras con
tus acciones del día de hoy?

_____
_____
_____

Agosto 9

**Agradece al tiempo que, mucho más sabio que tú, no apresure tus horas de dolor ni se demore en tus momentos de dicha, sino que te los mida con la misma igualdad, con la misma ecuanimidad generosa. - Vicente Gaos**

¿Cuáles son las 3 actividades más importantes que necesitas realizar el día de hoy?

_____

_____

¿Cuál es el resultado que quieres obtener de estas actividades?

_____

_____

¿Cuál es el propósito de realizar estas actividades?

_____

_____

¿Qué recursos necesitas para realizar estas actividades?

_____

_____

**Al final del día anota en estas líneas si lograste completar las actividades más importantes.**

¿Hubo circunstancias que te impidieron cumplir con tus metas del día de hoy?

_____

_____

¿Cuáles son las consecuencias positivas, y negativas que enfrentaras con tus acciones del día de hoy?

_____

_____

**Agosto 10**
**No perdáis vuestro tiempo ni en llorar el pasado**
**ni en llorar el porvenir. Vivid vuestras horas,**
**vuestros minutos. Las alegrías son como flores**
**que la lluvia mancha y el viento deshoja.**
**- Edmond Goucort**

¿Cuáles son las 3 actividades más importantes que necesitas realizar el día de hoy?

_____

_____

_____

¿Cuál es el resultado que quieres obtener de estas actividades?

_____

_____

¿Cuál es el propósito de realizar estas actividades?

_____

_____

¿Qué recursos necesitas para realizar estas actividades?

_____

_____

Al final del día anota en estas líneas si lograste completar
las actividades más importantes.

¿Hubo circunstancias que te impidieron cumplir con tus metas del día de hoy?

_____

_____

¿Cuáles son las consecuencias positivas, y negativas que enfrentaras con
tus acciones del día de hoy?

_____

_____

_____

**Agosto 11**
**El perdón borra lo que el tiempo no borró. -**
**Jaime Valenzuela**

¿Cuáles son las 3 actividades más importantes que necesitas realizar el día de hoy?

_____
_____
_____

¿Cuál es el resultado que quieres obtener de estas actividades?

_____
_____
_____

¿Cuál es el propósito de realizar estas actividades?

_____
_____
_____

¿Qué recursos necesitas para realizar estas actividades?

_____
_____

**Al final del día anota en estas líneas si lograste completar**
**las actividades más importantes.**

¿Hubo circunstancias que te impidieron cumplir con tus metas del día de hoy?

_____
_____

¿Cuáles son las consecuencias positivas, y negativas que enfrentaras con tus acciones del día de hoy?

_____
_____

**Agosto 12**

**El enfoque proactivo consiste en cambiar de adentro hacia afuera: ser distinto, y de esta manera provocar un cambio positivo en lo que está allí afuera: puedo ser más ingenioso, más diligente, más creativo, más cooperativo.**
**— Stephen Covey**

¿Cuáles son las 3 actividades más importantes que necesitas realizar el día de hoy?

_____

_____

_____

¿Cuál es el resultado que quieres obtener de estas actividades?

_____

_____

_____

¿Cuál es el propósito de realizar estas actividades?

_____

_____

_____

¿Qué recursos necesitas para realizar estas actividades?

_____

_____

**Al final del día anota en estas líneas si lograste completar las actividades más importantes.**

¿Hubo circunstancias que te impidieron cumplir con tus metas del día de hoy?

_____

_____

¿Cuáles son las consecuencias positivas, y negativas que enfrentaras con tus acciones del día de hoy?

_____

_____

_____

**Agosto 13**
**"La sabiduría se preocupa en ser lenta en sus discursos y diligente en sus acciones." - Confucio**

¿Cuáles son las 3 actividades más importantes que necesitas realizar el día de hoy?

_____

_____

_____

¿Cuál es el resultado que quieres obtener de estas actividades?

_____

_____

¿Cuál es el propósito de realizar estas actividades?

_____

_____

¿Qué recursos necesitas para realizar estas actividades?

_____

_____

**Al final del día anota en estas líneas si lograste completar las actividades más importantes.**

¿Hubo circunstancias que te impidieron cumplir con tus metas del día de hoy?

_____

_____

¿Cuáles son las consecuencias positivas, y negativas que enfrentaras con tus acciones del día de hoy?

_____

_____

**Agosto 14**
**A las negociaciones sinceras y diligentes nunca**
**se ha resistido un honorable éxito.**
**— Pío XII**

¿Cuáles son las 3 actividades más importantes que necesitas realizar el día de hoy?

_____

_____

_____

¿Cuál es el resultado que quieres obtener de estas actividades?

_____

_____

_____

¿Cuál es el propósito de realizar estas actividades?

_____

_____

_____

¿Qué recursos necesitas para realizar estas actividades?

_____

_____

**Al final del día anota en estas líneas si lograste completar**
**las actividades más importantes.**

¿Hubo circunstancias que te impidieron cumplir con tus metas del día de hoy?

_____

_____

¿Cuáles son las consecuencias positivas, y negativas que enfrentaras con tus acciones del día de hoy?

_____

_____

**Agosto 15**

**Obró mucho el que nada dejó para mañana.**

**- Baltasar Morales**

¿Cuáles son las 3 actividades más importantes que necesitas realizar el día de hoy?

_____
_____
_____

¿Cuál es el resultado que quieres obtener de estas actividades?

_____
_____
_____

¿Cuál es el propósito de realizar estas actividades?

_____
_____
_____

¿Qué recursos necesitas para realizar estas actividades?

_____
_____
_____

**Al final del día anota en estas líneas si lograste completar las actividades más importantes.**

¿Hubo circunstancias que te impidieron cumplir con tus metas del día de hoy?

_____
_____

¿Cuáles son las consecuencias positivas, y negativas que enfrentaras con tus acciones del día de hoy?

_____
_____
_____

**Agosto 16**
**A gran necesidad, gran diligencia.**
**- Raimundo Lulio**

¿Cuáles son las 3 actividades más importantes que necesitas realizar el día de hoy?

_____
_____
_____

¿Cuál es el resultado que quieres obtener de estas actividades?

_____
_____

¿Cuál es el propósito de realizar estas actividades?

_____
_____

¿Qué recursos necesitas para realizar estas actividades?

_____
_____

**Al final del día anota en estas líneas si lograste completar**
**las actividades más importantes.**

¿Hubo circunstancias que te impidieron cumplir con tus metas del día de hoy?

_____
_____

¿Cuáles son las consecuencias positivas, y negativas que enfrentaras con tus acciones del día de hoy?

_____
_____

**Agosto 17**
**Pocas cosas resultan imposibles para la diligencia y la actividad.**
          **Samuel Johnson**

¿Cuáles son las 3 actividades más importantes que necesitas realizar el día de hoy?

_____
_____
_____

¿Cuál es el resultado que quieres obtener de estas actividades?

_____
_____
_____

¿Cuál es el propósito de realizar estas actividades?

_____
_____
_____

¿Qué recursos necesitas para realizar estas actividades?

_____
_____
_____

**Al final del día anota en estas líneas si lograste completar las actividades más importantes.**
¿Hubo circunstancias que te impidieron cumplir con tus metas del día de hoy?

_____
_____

¿Cuáles son las consecuencias positivas, y negativas que enfrentaras con tus acciones del día de hoy?

_____
_____

**Agosto 18**

**Apresúrate; no te fies de las horas venideras. El que hoy na está dispuesto, menos lo estará mañana.**

**Publio Nasón**

¿Cuáles son las 3 actividades más importantes que necesitas realizar el día de hoy?

_____

_____

_____

¿Cuál es el resultado que quieres obtener de estas actividades?

_____

_____

_____

¿Cuál es el propósito de realizar estas actividades?

_____

_____

_____

¿Qué recursos necesitas para realizar estas actividades?

_____

_____

**Al final del día anota en estas líneas si lograste completar las actividades más importantes.**

¿Hubo circunstancias que te impidieron cumplir con tus metas del día de hoy?

_____

_____

¿Cuáles son las consecuencias positivas, y negativas que enfrentaras con tus acciones del día de hoy?

_____

_____

_____

**Agosto 19**
**Mide tus deseos, pesa tus opiniones, cuenta tus palabras. - Pitágoras**

¿Cuáles son las 3 actividades más importantes que necesitas realizar el día de hoy?

_____

_____

_____

¿Cuál es el resultado que quieres obtener de estas actividades?

_____

_____

¿Cuál es el propósito de realizar estas actividades?

_____

_____

¿Qué recursos necesitas para realizar estas actividades?

_____

_____

**Al final del día anota en estas líneas si lograste completar las actividades más importantes.**

¿Hubo circunstancias que te impidieron cumplir con tus metas del día de hoy?

_____

_____

¿Cuáles son las consecuencias positivas, y negativas que enfrentaras con tus acciones del día de hoy?

_____

_____

**Agosto 20**
**Apresúrate siempre hacia la solución.**
   **Quinto Horacio**

¿Cuáles son las 3 actividades más importantes que necesitas realizar el día de hoy?

_____
_____
_____

¿Cuál es el resultado que quieres obtener de estas actividades?

_____
_____

¿Cuál es el propósito de realizar estas actividades?

_____
_____

¿Qué recursos necesitas para realizar estas actividades?

_____
_____

**Al final del día anota en estas líneas si lograste completar**
**las actividades más importantes.**

¿Hubo circunstancias que te impidieron cumplir con tus metas del día de hoy?

_____
_____

¿Cuáles son las consecuencias positivas, y negativas que enfrentaras con tus acciones del día de hoy?

_____
_____
_____

**Agosto 21**
**Si te propones mandar algún día con dignidad,**
**debes saber hacerlo con diligencia; jamás dejes**
**para mañana lo que puedes hacer hoy.**
**Lord Chesterfield**

¿Cuáles son las 3 actividades más importantes que necesitas realizar el día de hoy?

_____
_____
_____

¿Cuál es el resultado que quieres obtener de estas actividades?

_____
_____

¿Cuál es el propósito de realizar estas actividades?

_____
_____

¿Qué recursos necesitas para realizar estas actividades?

_____
_____

**Al final del día anota en estas líneas si lograste completar**
**las actividades más importantes.**
¿Hubo circunstancias que te impidieron cumplir con tus metas del día de hoy?

_____
_____

¿Cuáles son las consecuencias positivas, y negativas que enfrentaras con tus acciones del día de hoy?

_____
_____
_____

**Agosto 22**
**El tiempo es la medida de los negocios, como el dinero lo es de las mercancías.**
**- Sir Francis Bacon**

¿Cuáles son las 3 actividades más importantes que necesitas realizar el día de hoy?

_____
_____
_____

¿Cuál es el resultado que quieres obtener de estas actividades?

_____
_____

¿Cuál es el propósito de realizar estas actividades?

_____
_____

¿Qué recursos necesitas para realizar estas actividades?

_____
_____

**Al final del día anota en estas líneas si lograste completar las actividades más importantes.**

¿Hubo circunstancias que te impidieron cumplir con tus metas del día de hoy?

_____
_____

¿Cuáles son las consecuencias positivas, y negativas que enfrentaras con tus acciones del día de hoy?

_____
_____

**Agosto 23**

**No malgastes tu tiempo, pues de esa materia está formada la vida. - Benjamin Franklin**

¿Cuáles son las 3 actividades más importantes que necesitas realizar el día de hoy?

_____

_____

¿Cuál es el resultado que quieres obtener de estas actividades?

_____

_____

¿Cuál es el propósito de realizar estas actividades?

_____

_____

¿Qué recursos necesitas para realizar estas actividades?

_____

_____

**Al final del día anota en estas líneas si lograste completar las actividades más importantes.**

¿Hubo circunstancias que te impidieron cumplir con tus metas del día de hoy?

_____

_____

¿Cuáles son las consecuencias positivas, y negativas que enfrentaras con tus acciones del día de hoy?

_____

_____

**Agosto 24**
**El ingrediente más importante es levantarte y hacer algo.**
**Así de simple. Muchas personas tienen ideas, pero solo**
**algunas deciden hacer algo hoy. No mañana. No la**
**siguiente semana. Sino hoy. El verdadero emprendedor**
**actúa en lugar de soñar. - Nolan Bushnell**

¿Cuáles son las 3 actividades más importantes que necesitas realizar el día de hoy?

_____
_____
_____

¿Cuál es el resultado que quieres obtener de estas actividades?

_____
_____
_____

¿Cuál es el propósito de realizar estas actividades?

_____
_____
_____

¿Qué recursos necesitas para realizar estas actividades?

_____
_____
_____

**Al final del día anota en estas líneas si lograste completar**
**las actividades más importantes.**
¿Hubo circunstancias que te impidieron cumplir con tus metas del día de hoy?

_____
_____

¿Cuáles son las consecuencias positivas, y negativas que enfrentaras con tus acciones del día de hoy?

_____
_____
_____

**Agosto 25**
**Cuando llega el tiempo en que se podría, ha**
**pasado el tiempo en que se pudo.**
**- Marie von Ebner**

¿Cuáles son las 3 actividades más importantes que necesitas realizar el día de hoy?

_____
_____

¿Cuál es el resultado que quieres obtener de estas actividades?

_____
_____

¿Cuál es el propósito de realizar estas actividades?

_____
_____

¿Qué recursos necesitas para realizar estas actividades?

_____
_____

**Al final del día anota en estas líneas si lograste completar**
**las actividades más importantes.**

¿Hubo circunstancias que te impidieron cumplir con tus metas del día de hoy?

_____
_____

¿Cuáles son las consecuencias positivas, y negativas que enfrentaras con tus acciones del día de hoy?

_____
_____

**Agosto 26**

**Para cualquier emprendedor: si quieres hacerlo, hazlo ahora. Si no lo haces te vas a arrepentir**

**- Catherine Cook**

¿Cuáles son las 3 actividades más importantes que necesitas realizar el día de hoy?

_____
_____
_____

¿Cuál es el resultado que quieres obtener de estas actividades?

_____
_____

¿Cuál es el propósito de realizar estas actividades?

_____
_____

¿Qué recursos necesitas para realizar estas actividades?

_____
_____

**Al final del día anota en estas líneas si lograste completar las actividades más importantes.**

¿Hubo circunstancias que te impidieron cumplir con tus metas del día de hoy?

_____
_____

¿Cuáles son las consecuencias positivas, y negativas que enfrentaras con tus acciones del día de hoy?

_____
_____

**Agosto 27**
**El tiempo es la distancia más larga entre dos**
**lugares. - Tennessee Williams**

¿Cuáles son las 3 actividades más importantes que necesitas realizar el día de hoy?

_____
_____
_____

¿Cuál es el resultado que quieres obtener de estas actividades?

_____
_____

¿Cuál es el propósito de realizar estas actividades?

_____
_____

¿Qué recursos necesitas para realizar estas actividades?

_____
_____

**Al final del día anota en estas líneas si lograste completar**
**las actividades más importantes.**

¿Hubo circunstancias que te impidieron cumplir con tus metas del día de hoy?

_____
_____

¿Cuáles son las consecuencias positivas, y negativas que enfrentaras con tus acciones del día de hoy?

_____
_____
_____

**Agosto 28**
**Se dice que el tiempo es un gran maestro; lo**
**malo es que va matando a sus discípulos.**
**- Hector Berlioz**

¿Cuáles son las 3 actividades más importantes que necesitas realizar el día de hoy?

_____

_____

_____

¿Cuál es el resultado que quieres obtener de estas actividades?

_____

_____

¿Cuál es el propósito de realizar estas actividades?

_____

_____

¿Qué recursos necesitas para realizar estas actividades?

_____

_____

**Al final del día anota en estas líneas si lograste completar**
**las actividades más importantes.**

¿Hubo circunstancias que te impidieron cumplir con tus metas del día de hoy?

_____

_____

¿Cuáles son las consecuencias positivas, y negativas que enfrentaras con tus acciones del día de hoy?

_____

_____

_____

**Agosto 29**

**No es sobre las ideas. Sino hacer que éstas se vuelvan realidad**

**- Scott Belsky**

¿Cuáles son las 3 actividades más importantes que necesitas realizar el día de hoy?

_____

_____

¿Cuál es el resultado que quieres obtener de estas actividades?

_____

¿Cuál es el propósito de realizar estas actividades?

_____

_____

¿Qué recursos necesitas para realizar estas actividades?

_____

**Al final del día anota en estas líneas si lograste completar las actividades más importantes.**

¿Hubo circunstancias que te impidieron cumplir con tus metas del día de hoy?

_____

_____

¿Cuáles son las consecuencias positivas, y negativas que enfrentaras con tus acciones del día de hoy?

_____

_____

**Agosto 30**
**El tiempo todo lo alcanza, a la corta o a la larga.**
**- Refrán**

¿Cuáles son las 3 actividades más importantes que necesitas realizar el día de hoy?

_____
_____
_____

¿Cuál es el resultado que quieres obtener de estas actividades?

_____
_____

¿Cuál es el propósito de realizar estas actividades?

_____
_____

¿Qué recursos necesitas para realizar estas actividades?

_____
_____

**Al final del día anota en estas líneas si lograste completar**
**las actividades más importantes.**

¿Hubo circunstancias que te impidieron cumplir con tus metas del día de hoy?

_____
_____

¿Cuáles son las consecuencias positivas, y negativas que enfrentaras con
tus acciones del día de hoy?

_____
_____

**Agosto 31**

**He perdido más de nueve mil oportunidades en mi carrera. He perdido casi 300 juegos. Me han confiado veintiséis veces el tiro ganador y he fallado. He fracasado una y otra vez en mi vida y por eso he tenido éxito. - Michael Jordan**

¿Cuáles son las 3 actividades más importantes que necesitas realizar el día de hoy?

_____
_____
_____

¿Cuál es el resultado que quieres obtener de estas actividades?

_____
_____
_____

¿Cuál es el propósito de realizar estas actividades?

_____
_____
_____

¿Qué recursos necesitas para realizar estas actividades?

_____
_____
_____

**Al final del día anota en estas líneas si lograste completar las actividades más importantes.**

¿Hubo circunstancias que te impidieron cumplir con tus metas del día de hoy?

_____
_____
_____

¿Cuáles son las consecuencias positivas, y negativas que enfrentaras con tus acciones del día de hoy?

_____
_____
_____

**Septiembre 1**
**Solo es loable la ambición por no perder el tiempo. - Séneca**

¿Cuáles son las 3 actividades más importantes que necesitas realizar el día de hoy?

_____

_____

_____

¿Cuál es el resultado que quieres obtener de estas actividades?

_____

_____

¿Cuál es el propósito de realizar estas actividades?

_____

_____

¿Qué recursos necesitas para realizar estas actividades?

_____

_____

**Al final del día anota en estas líneas si lograste completar las actividades más importantes.**

¿Hubo circunstancias que te impidieron cumplir con tus metas del día de hoy?

_____

_____

¿Cuáles son las consecuencias positivas, y negativas que enfrentaras con tus acciones del día de hoy?

_____

_____

**Septiembre 2**
**Las ideas son fáciles, implementarlas es lo**
**difícil. Tomate el tiempo necesario.**
**- Guy Kawasaki**

¿Cuáles son las 3 actividades más importantes que necesitas realizar el día de
hoy?

_____
_____
_____

¿Cuál es el resultado que quieres obtener de estas actividades?

_____
_____

¿Cuál es el propósito de realizar estas actividades?

_____
_____

¿Qué recursos necesitas para realizar estas actividades?

_____
_____

**Al final del día anota en estas líneas si lograste completar**
**las actividades más importantes.**

¿Hubo circunstancias que te impidieron cumplir con tus metas del día de hoy?

_____
_____

¿Cuáles son las consecuencias positivas, y negativas que enfrentaras con
tus acciones del día de hoy?

_____
_____
_____

**Septiembre 3**
**No inviertas todo tu tiempo en un sólo esfuerzo,**
**porque cada cosa requiere su tiempo.**
**- Inmanuel Kant**

¿Cuáles son las 3 actividades más importantes que necesitas realizar el día de hoy?

_____
_____
_____

¿Cuál es el resultado que quieres obtener de estas actividades?

_____
_____

¿Cuál es el propósito de realizar estas actividades?

_____
_____

¿Qué recursos necesitas para realizar estas actividades?

_____

**Al final del día anota en estas líneas si lograste completar**
**las actividades más importantes.**

¿Hubo circunstancias que te impidieron cumplir con tus metas del día de hoy?

_____
_____

¿Cuáles son las consecuencias positivas, y negativas que enfrentaras con
tus acciones del día de hoy?

_____
_____

**Septiembre 4**
**Si solo trabajas en cosas que te gusten y te apasionen, no deberías tener un plan maestro para ver cómo resulta todo. - Mark Zuckerberg**

¿Cuáles son las 3 actividades más importantes que necesitas realizar el día de hoy?

_____
_____
_____

¿Cuál es el resultado que quieres obtener de estas actividades?

_____
_____

¿Cuál es el propósito de realizar estas actividades?

_____
_____
_____

¿Qué recursos necesitas para realizar estas actividades?

_____
_____

**Al final del día anota en estas líneas si lograste completar las actividades más importantes.**

¿Hubo circunstancias que te impidieron cumplir con tus metas del día de hoy?

_____
_____

¿Cuáles son las consecuencias positivas, y negativas que enfrentaras con tus acciones del día de hoy?

_____
_____

**Septiembre 5**
**Disfruta cada paso, cada caída, cada intento y**
**éxito; la vida está compuesta de instantes dentro**
**de un tiempo indeterminado. - Anónimo**

¿Cuáles son las 3 actividades más importantes que necesitas realizar el día de hoy?

_____

_____

¿Cuál es el resultado que quieres obtener de estas actividades?

_____

_____

¿Cuál es el propósito de realizar estas actividades?

_____

_____

¿Qué recursos necesitas para realizar estas actividades?

_____

_____

**Al final del día anota en estas líneas si lograste completar**
**las actividades más importantes.**

¿Hubo circunstancias que te impidieron cumplir con tus metas del día de hoy?

_____

_____

¿Cuáles son las consecuencias positivas, y negativas que enfrentaras con
tus acciones del día de hoy?

_____

_____

**Septiembre 6**
**No, nada llega tarde, porque todas las cosas**
**tienen su tiempo justo, como el trigo y las rosas.**
**- José Angel Buesa**

¿Cuáles son las 3 actividades más importantes que necesitas realizar el día de hoy?

_____
_____
_____

¿Cuál es el resultado que quieres obtener de estas actividades?

_____
_____

¿Cuál es el propósito de realizar estas actividades?

_____
_____

¿Qué recursos necesitas para realizar estas actividades?

_____
_____

**Al final del día anota en estas líneas si lograste completar**
**las actividades más importantes.**

¿Hubo circunstancias que te impidieron cumplir con tus metas del día de hoy?

_____
_____

¿Cuáles son las consecuencias positivas, y negativas que enfrentaras con tus acciones del día de hoy?

_____
_____
_____

**Septiembre 7**
**Doloroso es el tiempo que entre dudas se pasa.**
**- Séneca**

¿Cuáles son las 3 actividades más importantes que necesitas realizar el día de hoy?

_____

_____

¿Cuál es el resultado que quieres obtener de estas actividades?

_____

_____

¿Cuál es el propósito de realizar estas actividades?

_____

_____

¿Qué recursos necesitas para realizar estas actividades?

_____

_____

**Al final del día anota en estas líneas si lograste completar**
**las actividades más importantes.**

¿Hubo circunstancias que te impidieron cumplir con tus metas del día de hoy?

_____

_____

¿Cuáles son las consecuencias positivas, y negativas que enfrentaras con
tus acciones del día de hoy?

_____

_____

**Septiembre 8**
**El mejor momento para plantar un árbol fue**
**hace veinte años. El segundo mejor momento es**
**ahora - proverbio chino**

¿Cuáles son las 3 actividades más importantes que necesitas realizar el día de hoy?

_____

_____

_____

¿Cuál es el resultado que quieres obtener de estas actividades?

_____

_____

¿Cuál es el propósito de realizar estas actividades?

_____

_____

¿Qué recursos necesitas para realizar estas actividades?

_____

_____

**Al final del día anota en estas líneas si lograste completar**
**las actividades más importantes.**

¿Hubo circunstancias que te impidieron cumplir con tus metas del día de hoy?

_____

_____

¿Cuáles son las consecuencias positivas, y negativas que enfrentaras con
tus acciones del día de hoy?

_____

_____

_____

**Septiembre 9**
**Si estás pasando por un mal momento, sigue**
**adelante. Solo habrá sido un momento.**
**- Winston Churchill**

¿Cuáles son las 3 actividades más importantes que necesitas realizar el día de hoy?

_____

_____

¿Cuál es el resultado que quieres obtener de estas actividades?

_____

_____

¿Cuál es el propósito de realizar estas actividades?

_____

_____

¿Qué recursos necesitas para realizar estas actividades?

_____

_____

**Al final del día anota en estas líneas si lograste completar**
**las actividades más importantes.**

¿Hubo circunstancias que te impidieron cumplir con tus metas del día de hoy?

_____

_____

¿Cuáles son las consecuencias positivas, y negativas que enfrentaras con tus acciones del día de hoy?

_____

_____

_____

**Septiembre 10**
**El precio del éxito es trabajar duro y la**
**determinación de que, sin importar si perdiste o**
**ganaste, diste lo mejor de ti mismo en el**
**proyecto.  - Vince Lombardi**

¿Cuáles son las 3 actividades más importantes que necesitas realizar el día de hoy?

_____
_____
_____

¿Cuál es el resultado que quieres obtener de estas actividades?

_____
_____

¿Cuál es el propósito de realizar estas actividades?

_____
_____

¿Qué recursos necesitas para realizar estas actividades?

_____
_____

**Al final del día anota en estas líneas si lograste completar**
**las actividades más importantes.**

¿Hubo circunstancias que te impidieron cumplir con tus metas del día de hoy?

_____
_____

¿Cuáles son las consecuencias positivas, y negativas que enfrentaras con tus acciones del día de hoy?

_____
_____

Septiembre 11

**Dentro de veinte años estarás más decepcionado por las cosas que no hiciste que por las que hiciste. Así que suelta amarras, navega lejos de puertos seguros, atrapa los vientos favorables en tus velas. Explora. Sueña. - Mark Twain**

¿Cuáles son las 3 actividades más importantes que necesitas realizar el día de hoy?

_____
_____
_____

¿Cuál es el resultado que quieres obtener de estas actividades?

_____
_____

¿Cuál es el propósito de realizar estas actividades?

_____
_____

¿Qué recursos necesitas para realizar estas actividades?

_____
_____

**Al final del día anota en estas líneas si lograste completar las actividades más importantes.**

¿Hubo circunstancias que te impidieron cumplir con tus metas del día de hoy?

_____
_____

¿Cuáles son las consecuencias positivas, y negativas que enfrentaras con tus acciones del día de hoy?

_____
_____
_____

**Septiembre 12**
**Dios, cuando hizo el tiempo, lo hizo de sobra.**
**- Proverbio Irlandés**

¿Cuáles son las 3 actividades más importantes que necesitas realizar el día de hoy?

_____
_____
_____

¿Cuál es el resultado que quieres obtener de estas actividades?

_____
_____
_____

¿Cuál es el propósito de realizar estas actividades?

_____
_____
_____

¿Qué recursos necesitas para realizar estas actividades?

_____
_____
_____

**Al final del día anota en estas líneas si lograste completar**
**las actividades más importantes.**

¿Hubo circunstancias que te impidieron cumplir con tus metas del día de hoy?

_____
_____
_____

¿Cuáles son las consecuencias positivas, y negativas que enfrentaras con
tus acciones del día de hoy?

_____
_____
_____

**Septiembre 13**
**Tiempo malgastado nunca recobrado.**
**- Refrán**

¿Cuáles son las 3 actividades más importantes que necesitas realizar el día de hoy?

_____
_____
_____

¿Cuál es el resultado que quieres obtener de estas actividades?

_____
_____

¿Cuál es el propósito de realizar estas actividades?

_____
_____

¿Qué recursos necesitas para realizar estas actividades?

_____
_____

**Al final del día anota en estas líneas si lograste completar**
**las actividades más importantes.**

¿Hubo circunstancias que te impidieron cumplir con tus metas del día de hoy?

_____
_____

¿Cuáles son las consecuencias positivas, y negativas que enfrentaras con tus acciones del día de hoy?

_____
_____

**Septiembre 14**

**No deberías enfocarte en por qué no puedes hacer algo, que es lo que la mayoría de la gente hace. Sino en por qué no puedes hacerlo y ser una de las excepciones. - Steve Case**

¿Cuáles son las 3 actividades más importantes que necesitas realizar el día de hoy?

_____

_____

¿Cuál es el resultado que quieres obtener de estas actividades?

_____

_____

¿Cuál es el propósito de realizar estas actividades?

_____

_____

¿Qué recursos necesitas para realizar estas actividades?

_____

_____

**Al final del día anota en estas líneas si lograste completar las actividades más importantes.**

¿Hubo circunstancias que te impidieron cumplir con tus metas del día de hoy?

_____

_____

¿Cuáles son las consecuencias positivas, y negativas que enfrentaras con tus acciones del día de hoy?

_____

_____

_____

**Septiembre 15**
**Estoy convencido que la mitad de lo que separa**
**a los emprendedores exitosos de los que han**
**fracasado es la perseverancia**
**- Steve Jobs**

¿Cuáles son las 3 actividades más importantes que necesitas realizar el día de hoy?

_____
_____
_____

¿Cuál es el resultado que quieres obtener de estas actividades?

_____
_____

¿Cuál es el propósito de realizar estas actividades?

_____
_____

¿Qué recursos necesitas para realizar estas actividades?

_____
_____

**Al final del día anota en estas líneas si lograste completar**
**las actividades más importantes.**
¿Hubo circunstancias que te impidieron cumplir con tus metas del día de hoy?

_____
_____

¿Cuáles son las consecuencias positivas, y negativas que enfrentaras con tus acciones del día de hoy?

_____
_____
_____

**Septiembre 16**
**Decido hacer mi testamento. Es este: les dejo el**
**tiempo, todo el tiempo. Pues es lo más valioso**
**que les pude dejar.**
**- Eliseo Diego**

¿Cuáles son las 3 actividades más importantes que necesitas realizar el día de hoy?

_____
_____
_____

¿Cuál es el resultado que quieres obtener de estas actividades?

_____
_____

¿Cuál es el propósito de realizar estas actividades?

_____
_____

¿Qué recursos necesitas para realizar estas actividades?

_____
_____

**Al final del día anota en estas líneas si lograste completar**
**las actividades más importantes.**

¿Hubo circunstancias que te impidieron cumplir con tus metas del día de hoy?

_____
_____
_____

¿Cuáles son las consecuencias positivas, y negativas que enfrentaras con
tus acciones del día de hoy?

_____
_____
_____

**Septiembre 17**
**Las cosas que mucho suben, al mejor tiempo**
**caen.**
**- Séneca**

¿Cuáles son las 3 actividades más importantes que necesitas realizar el día de hoy?

_____
_____
_____

¿Cuál es el resultado que quieres obtener de estas actividades?

_____
_____

¿Cuál es el propósito de realizar estas actividades?

_____
_____

¿Qué recursos necesitas para realizar estas actividades?

_____
_____

**Al final del día anota en estas líneas si lograste completar**
**las actividades más importantes.**

¿Hubo circunstancias que te impidieron cumplir con tus metas del día de hoy?

_____
_____

¿Cuáles son las consecuencias positivas, y negativas que enfrentaras con
tus acciones del día de hoy?

_____
_____
_____

**Septiembre 18**

**No digas que te falta tiempo, tienes exactamente el mismo número de horas al día que las que recibieron Helen Keller , Pasteur, Miguel Ángel, la Madre Teresa de Calcuta, Leonardo da Vinci y Albert Einstein.  - Jackson Brown**

¿Cuáles son las 3 actividades más importantes que necesitas realizar el día de hoy?

_____
_____
_____

¿Cuál es el resultado que quieres obtener de estas actividades?

_____
_____

¿Cuál es el propósito de realizar estas actividades?

_____
_____

¿Qué recursos necesitas para realizar estas actividades?

_____
_____

**Al final del día anota en estas líneas si lograste completar las actividades más importantes.**

¿Hubo circunstancias que te impidieron cumplir con tus metas del día de hoy?

_____
_____

¿Cuáles son las consecuencias positivas, y negativas que enfrentaras con tus acciones del día de hoy?

_____
_____
_____

**Septiembre 19**

**El razonamiento activo se aprende con la práctica; debería ser practicado durante mucho tiempo y de muchas maneras variadas.**
**- Gurdjieff**

¿Cuáles son las 3 actividades más importantes que necesitas realizar el día de hoy?

_____

_____

_____

¿Cuál es el resultado que quieres obtener de estas actividades?

_____

_____

¿Cuál es el propósito de realizar estas actividades?

_____

_____

¿Qué recursos necesitas para realizar estas actividades?

_____

_____

**Al final del día anota en estas líneas si lograste completar**
**las actividades más importantes.**

¿Hubo circunstancias que te impidieron cumplir con tus metas del día de hoy?

_____

_____

¿Cuáles son las consecuencias positivas, y negativas que enfrentaras con tus acciones del día de hoy?

_____

_____

**Septiembre 20**

**Muchas veces no depende en la velocidad, sino en no detenerse.**

**-Anónimo**

¿Cuáles son las 3 actividades más importantes que necesitas realizar el día de hoy?

_____
_____

¿Cuál es el resultado que quieres obtener de estas actividades?

_____
_____

¿Cuál es el propósito de realizar estas actividades?

_____
_____

¿Qué recursos necesitas para realizar estas actividades?

_____
_____

**Al final del día anota en estas líneas si lograste completar las actividades más importantes.**

¿Hubo circunstancias que te impidieron cumplir con tus metas del día de hoy?

_____
_____

¿Cuáles son las consecuencias positivas, y negativas que enfrentaras con tus acciones del día de hoy?

_____
_____
_____

**Septiembre 21**

**Escoger el propio tiempo es ganar tiempo.**
**-Sir Francis Bacon**

¿Cuáles son las 3 actividades más importantes que necesitas realizar el día de hoy?

_____
_____
_____

¿Cuál es el resultado que quieres obtener de estas actividades?

_____
_____

¿Cuál es el propósito de realizar estas actividades?

_____
_____

¿Qué recursos necesitas para realizar estas actividades?

_____
_____

**Al final del día anota en estas líneas si lograste completar**
**las actividades más importantes.**

¿Hubo circunstancias que te impidieron cumplir con tus metas del día de hoy?

_____
_____

¿Cuáles son las consecuencias positivas, y negativas que enfrentaras con tus acciones del día de hoy?

_____
_____

**Septiembre 22**

**El buen tiempo y el mal tiempo están dentro de nosotros, no fuera.**

**- Proverbio Tibetano**

¿Cuáles son las 3 actividades más importantes que necesitas realizar el día de hoy?

_____
_____
_____

¿Cuál es el resultado que quieres obtener de estas actividades?

_____
_____
_____

¿Cuál es el propósito de realizar estas actividades?

_____
_____
_____

¿Qué recursos necesitas para realizar estas actividades?

_____
_____
_____

**Al final del día anota en estas líneas si lograste completar las actividades más importantes.**

¿Hubo circunstancias que te impidieron cumplir con tus metas del día de hoy?

_____
_____
_____

¿Cuáles son las consecuencias positivas, y negativas que enfrentaras con tus acciones del día de hoy?

_____
_____
_____

**Septiembre 23**

**Es difícil derrotar a una persona que nunca se rinde**
**- Babe Ruth**

¿Cuáles son las 3 actividades más importantes que necesitas realizar el día de hoy?

_____

_____

_____

¿Cuál es el resultado que quieres obtener de estas actividades?

_____

_____

_____

¿Cuál es el propósito de realizar estas actividades?

_____

_____

_____

¿Qué recursos necesitas para realizar estas actividades?

_____

_____

**Al final del día anota en estas líneas si lograste completar**
**las actividades más importantes.**

¿Hubo circunstancias que te impidieron cumplir con tus metas del día de hoy?

_____

_____

¿Cuáles son las consecuencias positivas, y negativas que enfrentaras con tus acciones del día de hoy?

_____

_____

_____

**Septiembre 24**

**El tiempo aclara las cosas.**

**- Refrán**

¿Cuáles son las 3 actividades más importantes que necesitas realizar el día de hoy?

_____

_____

_____

¿Cuál es el resultado que quieres obtener de estas actividades?

_____

_____

_____

¿Cuál es el propósito de realizar estas actividades?

_____

_____

_____

¿Qué recursos necesitas para realizar estas actividades?

_____

_____

**Al final del día anota en estas líneas si lograste completar
las actividades más importantes.**

¿Hubo circunstancias que te impidieron cumplir con tus metas del día de hoy?

_____

_____

¿Cuáles son las consecuencias positivas, y negativas que enfrentaras con tus acciones del día de hoy?

_____

_____

_____

**Septiembre 25**

**Odio cómo piensa la gente con el "vaso medio vacío" cuando en realidad su vaso está casi lleno. Estoy agradecido cuando tengo una gota más en el vaso porque sé exactamente qué hacer con ella. - Gary Vaynerchuk**

¿Cuáles son las 3 actividades más importantes que necesitas realizar el día de hoy?

_____

_____

_____

¿Cuál es el resultado que quieres obtener de estas actividades?

_____

_____

¿Cuál es el propósito de realizar estas actividades?

_____

_____

¿Qué recursos necesitas para realizar estas actividades?

_____

_____

**Al final del día anota en estas líneas si lograste completar las actividades más importantes.**

¿Hubo circunstancias que te impidieron cumplir con tus metas del día de hoy?

_____

_____

¿Cuáles son las consecuencias positivas, y negativas que enfrentaras con tus acciones del día de hoy?

_____

_____

_____

**Septiembre 26**

**Fracasa seguido para que puedas tener éxito pronto**
**- Tom Kelley**

¿Cuáles son las 3 actividades más importantes que necesitas realizar el día de hoy?

_____
_____
_____

¿Cuál es el resultado que quieres obtener de estas actividades?

_____
_____

¿Cuál es el propósito de realizar estas actividades?

_____
_____
_____

¿Qué recursos necesitas para realizar estas actividades?

_____
_____

**Al final del día anota en estas líneas si lograste completar las actividades más importantes.**

¿Hubo circunstancias que te impidieron cumplir con tus metas del día de hoy?

_____
_____

¿Cuáles son las consecuencias positivas, y negativas que enfrentaras con tus acciones del día de hoy?

_____
_____
_____

**Septiembre 27**

**El tiempo, la perseverancia y diez años de intentos eventualmente te harán ver como un éxito de la noche a la mañana**
**- Biz Stone**

¿Cuáles son las 3 actividades más importantes que necesitas realizar el día de hoy?

_____
_____
_____

¿Cuál es el resultado que quieres obtener de estas actividades?

_____
_____

¿Cuál es el propósito de realizar estas actividades?

_____
_____
_____

¿Qué recursos necesitas para realizar estas actividades?

_____
_____

**Al final del día anota en estas líneas si lograste completar las actividades más importantes.**

¿Hubo circunstancias que te impidieron cumplir con tus metas del día de hoy?

_____
_____

¿Cuáles son las consecuencias positivas, y negativas que enfrentaras con tus acciones del día de hoy?

_____
_____

**Septiembre 28**

**A su tiempo maduran las uvas. - Refrán**

¿Cuáles son las 3 actividades más importantes que necesitas realizar el día de hoy?

_____

_____

_____

¿Cuál es el resultado que quieres obtener de estas actividades?

_____

_____

_____

¿Cuál es el propósito de realizar estas actividades?

_____

_____

_____

¿Qué recursos necesitas para realizar estas actividades?

_____

_____

**Al final del día anota en estas líneas si lograste completar las actividades más importantes.**

¿Hubo circunstancias que te impidieron cumplir con tus metas del día de hoy?

_____

_____

¿Cuáles son las consecuencias positivas, y negativas que enfrentaras con tus acciones del día de hoy?

_____

_____

_____

**Septiembre 29**

**Tarde se olvida lo que se aprende por mucho tiempo.**
**- Séneca**

¿Cuáles son las 3 actividades más importantes que necesitas realizar el día de hoy?

_____
_____
_____

¿Cuál es el resultado que quieres obtener de estas actividades?

_____
_____

¿Cuál es el propósito de realizar estas actividades?

_____
_____

¿Qué recursos necesitas para realizar estas actividades?

_____
_____

**Al final del día anota en estas líneas si lograste completar**
**las actividades más importantes.**

¿Hubo circunstancias que te impidieron cumplir con tus metas del día de hoy?

_____
_____

¿Cuáles son las consecuencias positivas, y negativas que enfrentaras con tus acciones del día de hoy?

_____
_____
_____

**Septiembre 30**

**Los medios quieren éxitos de la noche a la mañana. Ignóralos. Ignora también a los inversionistas que quieren tácticas probadas y resultados instantáneos y previsibles. Escucha en cambio a tus clientes, a tu propia visión y haz algo que dure mucho tiempo. - Seth Godin**

¿Cuáles son las 3 actividades más importantes que necesitas realizar el día de hoy?

_____

_____

_____

¿Cuál es el resultado que quieres obtener de estas actividades?

_____

_____

¿Cuál es el propósito de realizar estas actividades?

_____

_____

¿Qué recursos necesitas para realizar estas actividades?

_____

_____

**Al final del día anota en estas líneas si lograste completar las actividades más importantes.**

¿Hubo circunstancias que te impidieron cumplir con tus metas del día de hoy?

_____

_____

¿Cuáles son las consecuencias positivas, y negativas que enfrentaras con tus acciones del día de hoy?

_____

_____

_____

**Octubre 1**

**Quien el tiempo se expone a predecir, se expone a mentir.**

**- Refrán**

¿Cuáles son las 3 actividades más importantes que necesitas realizar el día de hoy?

_____

_____

_____

¿Cuál es el resultado que quieres obtener de estas actividades?

_____

_____

_____

¿Cuál es el propósito de realizar estas actividades?

_____

_____

_____

¿Qué recursos necesitas para realizar estas actividades?

_____

_____

_____

**Al final del día anota en estas líneas si lograste completar las actividades más importantes.**

¿Hubo circunstancias que te impidieron cumplir con tus metas del día de hoy?

_____

_____

¿Cuáles son las consecuencias positivas, y negativas que enfrentaras con tus acciones del día de hoy?

_____

_____

_____

**Octobre 2**

**No te preocupes por el financiamiento si no lo necesitas. Hoy es más económico que nunca iniciar un negocio.**
**- Noah Everett**

¿Cuáles son las 3 actividades más importantes que necesitas realizar el día de hoy?

_____

_____

_____

¿Cuál es el resultado que quieres obtener de estas actividades?

_____

_____

_____

¿Cuál es el propósito de realizar estas actividades?

_____

_____

_____

¿Qué recursos necesitas para realizar estas actividades?

_____

_____

_____

**Al final del día anota en estas líneas si lograste completar las actividades más importantes.**

¿Hubo circunstancias que te impidieron cumplir con tus metas del día de hoy?

_____

_____

¿Cuáles son las consecuencias positivas, y negativas que enfrentaras con tus acciones del día de hoy?

_____

_____

_____

**Octubre 3**

**Un joven en años puede ser viejo en horas, si no ha perdido el tiempo.**
**- Sir Francis Bacon**

¿Cuáles son las 3 actividades más importantes que necesitas realizar el día de hoy?

_____

_____

_____

¿Cuál es el resultado que quieres obtener de estas actividades?

_____

_____

¿Cuál es el propósito de realizar estas actividades?

_____

_____

¿Qué recursos necesitas para realizar estas actividades?

_____

_____

**Al final del día anota en estas líneas si lograste completar las actividades más importantes.**

¿Hubo circunstancias que te impidieron cumplir con tus metas del día de hoy?

_____

_____

¿Cuáles son las consecuencias positivas, y negativas que enfrentaras con tus acciones del día de hoy?

_____

_____

**Octubre 4**

**Si no puedes volar, corre, si no puedes correr, camina, si no puedes caminar, gatea. Sin importar lo que hagas, sigue avanzado hacia adelante. - Martin Luther King Jr**

¿Cuáles son las 3 actividades más importantes que necesitas realizar el día de hoy?

_____

_____

_____

¿Cuál es el resultado que quieres obtener de estas actividades?

_____

_____

_____

¿Cuál es el propósito de realizar estas actividades?

_____

_____

_____

¿Qué recursos necesitas para realizar estas actividades?

_____

_____

_____

**Al final del día anota en estas líneas si lograste completar las actividades más importantes.**

¿Hubo circunstancias que te impidieron cumplir con tus metas del día de hoy?

_____

_____

¿Cuáles son las consecuencias positivas, y negativas que enfrentaras con tus acciones del día de hoy?

_____

_____

**Octubre 5**

**El tiempo saca a luz todo lo que está oculto y encubre y esconde lo que ahora brilla con el más grande esplendor.**

**- Quinto Horacio**

¿Cuáles son las 3 actividades más importantes que necesitas realizar el día de hoy?

_____

_____

_____

¿Cuál es el resultado que quieres obtener de estas actividades?

_____

_____

_____

¿Cuál es el propósito de realizar estas actividades?

_____

_____

_____

¿Qué recursos necesitas para realizar estas actividades?

_____

_____

_____

**Al final del día anota en estas líneas si lograste completar las actividades más importantes.**

¿Hubo circunstancias que te impidieron cumplir con tus metas del día de hoy?

_____

_____

¿Cuáles son las consecuencias positivas, y negativas que enfrentaras con tus acciones del día de hoy?

_____

_____

_____

**Octubre 6**

Ten en mente que tu propósito y tu plan para lograrlo puede ser modificado de vez en cuando… lo importante es que comprendas el significado de trabajar siempre con un objetivo en mente y con un plan bien estructurado. - Napoleon Hill

¿Cuáles son las 3 actividades más importantes que necesitas realizar el día de hoy?

_____
_____
_____

¿Cuál es el resultado que quieres obtener de estas actividades?

_____
_____

¿Cuál es el propósito de realizar estas actividades?

_____
_____

¿Qué recursos necesitas para realizar estas actividades?

_____
_____

**Al final del día anota en estas líneas si lograste completar las actividades más importantes.**

¿Hubo circunstancias que te impidieron cumplir con tus metas del día de hoy?

_____
_____

¿Cuáles son las consecuencias positivas, y negativas que enfrentaras con tus acciones del día de hoy?

_____
_____

**Octubre 7**

**No tengo miedo de morir, tengo miedo de no intentarlo o de mirar atrás y darme cuenta que ya había muerto.**
**- Anónimo**

¿Cuáles son las 3 actividades más importantes que necesitas realizar el día de hoy?

_____

_____

_____

¿Cuál es el resultado que quieres obtener de estas actividades?

_____

_____

_____

¿Cuál es el propósito de realizar estas actividades?

_____

_____

_____

¿Qué recursos necesitas para realizar estas actividades?

_____

_____

_____

**Al final del día anota en estas líneas si lograste completar**
**las actividades más importantes.**

¿Hubo circunstancias que te impidieron cumplir con tus metas del día de hoy?

_____

_____

_____

¿Cuáles son las consecuencias positivas, y negativas que enfrentaras con tus acciones del día de hoy?

_____

_____

_____

**Octubre 8**

**Hay un tiempo para ir de pesca y otro para secar las redes.**

**- Proverbio Chino**

¿Cuáles son las 3 actividades más importantes que necesitas realizar el día de hoy?

_____
_____
_____

¿Cuál es el resultado que quieres obtener de estas actividades?

_____
_____
_____

¿Cuál es el propósito de realizar estas actividades?

_____
_____
_____

¿Qué recursos necesitas para realizar estas actividades?

_____
_____
_____

**Al final del día anota en estas líneas si lograste completar las actividades más importantes.**

¿Hubo circunstancias que te impidieron cumplir con tus metas del día de hoy?

_____
_____

¿Cuáles son las consecuencias positivas, y negativas que enfrentaras con tus acciones del día de hoy?

_____
_____
_____

**Octubre 9**

**No es el tiempo lo que se os da, sino el instante. Con un instante dado, a nosotros nos corresponde hacer el tiempo.**
**- Georges Poulet**

¿Cuáles son las 3 actividades más importantes que necesitas realizar el día de hoy?

_____
_____
_____

¿Cuál es el resultado que quieres obtener de estas actividades?

_____
_____

¿Cuál es el propósito de realizar estas actividades?

_____
_____
_____

¿Qué recursos necesitas para realizar estas actividades?

_____
_____

**Al final del día anota en estas líneas si lograste completar las actividades más importantes.**

¿Hubo circunstancias que te impidieron cumplir con tus metas del día de hoy?

_____
_____

¿Cuáles son las consecuencias positivas, y negativas que enfrentaras con tus acciones del día de hoy?

_____
_____

**Octubre 10**

**Aunque somos nuestro propio tiempo, a veces somos el tiempo de otros y otros son nuestro tiempo, a veces sin quererlo, a veces queriendo, a veces durmiendo, a veces despiertos.**
**- Domenico Cieri**

¿Cuáles son las 3 actividades más importantes que necesitas realizar el día de hoy?

_____
_____
_____

¿Cuál es el resultado que quieres obtener de estas actividades?

_____
_____

¿Cuál es el propósito de realizar estas actividades?

_____
_____

¿Qué recursos necesitas para realizar estas actividades?

_____
_____

**Al final del día anota en estas líneas si lograste completar las actividades más importantes.**

¿Hubo circunstancias que te impidieron cumplir con tus metas del día de hoy?

_____
_____

¿Cuáles son las consecuencias positivas, y negativas que enfrentaras con tus acciones del día de hoy?

_____
_____

**Octubre 11**

**Ninguno muere sino a su tiempo.**

**- Anónimo**

¿Cuáles son las 3 actividades más importantes que necesitas realizar el día de hoy?

_____
_____
_____

¿Cuál es el resultado que quieres obtener de estas actividades?

_____
_____
_____

¿Cuál es el propósito de realizar estas actividades?

_____
_____
_____

¿Qué recursos necesitas para realizar estas actividades?

_____
_____

**Al final del día anota en estas líneas si lograste completar**
**las actividades más importantes.**

¿Hubo circunstancias que te impidieron cumplir con tus metas del día de hoy?

_____
_____

¿Cuáles son las consecuencias positivas, y negativas que enfrentaras con
tus acciones del día de hoy?

_____
_____
_____

**Octubre 12**

**Cuando ponemos en marcha nuestro reloj, ¿es tiempo lo que creamos o la hora de la muerte lo que alimentamos?**
**- Maurice M**

¿Cuáles son las 3 actividades más importantes que necesitas realizar el día de hoy?

_____
_____
_____

¿Cuál es el resultado que quieres obtener de estas actividades?

_____
_____
_____

¿Cuál es el propósito de realizar estas actividades?

_____
_____
_____

¿Qué recursos necesitas para realizar estas actividades?

_____
_____

**Al final del día anota en estas líneas si lograste completar las actividades más importantes.**

¿Hubo circunstancias que te impidieron cumplir con tus metas del día de hoy?

_____
_____

¿Cuáles son las consecuencias positivas, y negativas que enfrentaras con tus acciones del día de hoy?

_____
_____

**Octubre 13**

**Mi pasatiempo favorito es dejar pasar el tiempo, tener tiempo, tomarme mi tiempo, perder el tiempo, vivir a contratiempo.**
**- Françoise Sagan**

¿Cuáles son las 3 actividades más importantes que necesitas realizar el día de hoy?

_____

_____

_____

¿Cuál es el resultado que quieres obtener de estas actividades?

_____

_____

¿Cuál es el propósito de realizar estas actividades?

_____

_____

_____

¿Qué recursos necesitas para realizar estas actividades?

_____

_____

**Al final del día anota en estas líneas si lograste completar las actividades más importantes.**

¿Hubo circunstancias que te impidieron cumplir con tus metas del día de hoy?

_____

_____

¿Cuáles son las consecuencias positivas, y negativas que enfrentaras con tus acciones del día de hoy?

_____

_____

**Octubre 14**

La primera responsabilidad de un líder es definir la realidad. La última es dar las gracias. Entre ambas circunstancias, el líder es un sirviente.  - Max De Pree

¿Cuáles son las 3 actividades más importantes que necesitas realizar el día de hoy?

_____

_____

_____

¿Cuál es el resultado que quieres obtener de estas actividades?

_____

_____

_____

¿Cuál es el propósito de realizar estas actividades?

_____

_____

_____

¿Qué recursos necesitas para realizar estas actividades?

_____

_____

**Al final del día anota en estas líneas si lograste completar las actividades más importantes.**

¿Hubo circunstancias que te impidieron cumplir con tus metas del día de hoy?

_____

_____

¿Cuáles son las consecuencias positivas, y negativas que enfrentaras con tus acciones del día de hoy?

_____

_____

_____

**Octubre 15**

**Tabernero diligente, de quince arrobas hace veinte.**
**- Anónimo**

¿Cuáles son las 3 actividades más importantes que necesitas realizar el día de hoy?

_____
_____
_____

¿Cuál es el resultado que quieres obtener de estas actividades?

_____
_____
_____

¿Cuál es el propósito de realizar estas actividades?

_____
_____
_____

¿Qué recursos necesitas para realizar estas actividades?

_____
_____

**Al final del día anota en estas líneas si lograste completar las actividades más importantes.**

¿Hubo circunstancias que te impidieron cumplir con tus metas del día de hoy?

_____
_____

¿Cuáles son las consecuencias positivas, y negativas que enfrentaras con tus acciones del día de hoy?

_____
_____

**Octubre 16**

**Un poco más de persistencia, un poco más de esfuerzo, y lo que parecía irremediablemente un fracaso puede convertirse en un éxito glorioso.**
**-Elbert Hubbard**

¿Cuáles son las 3 actividades más importantes que necesitas realizar el día de hoy?

_____

_____

_____

¿Cuál es el resultado que quieres obtener de estas actividades?

_____

_____

¿Cuál es el propósito de realizar estas actividades?

_____

_____

¿Qué recursos necesitas para realizar estas actividades?

_____

_____

**Al final del día anota en estas líneas si lograste completar las actividades más importantes.**

¿Hubo circunstancias que te impidieron cumplir con tus metas del día de hoy?

_____

_____

¿Cuáles son las consecuencias positivas, y negativas que enfrentaras con tus acciones del día de hoy?

_____

_____

**Octubre 17**

**Si tienes una actitud positiva y te esfuerzas constantemente para dar tu mejor esfuerzo, con el tiempo vas a superar tus problemas inmediatos y encontrará que estás listo para retos mayores.   -Pat Riley.**

¿Cuáles son las 3 actividades más importantes que necesitas realizar el día de hoy?

_____

_____

¿Cuál es el resultado que quieres obtener de estas actividades?

_____

_____

¿Cuál es el propósito de realizar estas actividades?

_____

_____

¿Qué recursos necesitas para realizar estas actividades?

_____

_____

**Al final del día anota en estas líneas si lograste completar las actividades más importantes.**

¿Hubo circunstancias que te impidieron cumplir con tus metas del día de hoy?

_____

_____

¿Cuáles son las consecuencias positivas, y negativas que enfrentaras con tus acciones del día de hoy?

_____

_____

**Octubre 18**

**La ventaja se la lleva aquel que aprovecha el momento oportuno. - Johann Wolfgang Goethe**

¿Cuáles son las 3 actividades más importantes que necesitas realizar el día de hoy?

_____
_____
_____

¿Cuál es el resultado que quieres obtener de estas actividades?

_____
_____
_____

¿Cuál es el propósito de realizar estas actividades?

_____
_____
_____

¿Qué recursos necesitas para realizar estas actividades?

_____
_____

**Al final del día anota en estas líneas si lograste completar las actividades más importantes.**

¿Hubo circunstancias que te impidieron cumplir con tus metas del día de hoy?

_____
_____

¿Cuáles son las consecuencias positivas, y negativas que enfrentaras con tus acciones del día de hoy?

_____
_____

## Octubre 19

**Los resultados que consigues estarán en proporción directa al esfuerzo que aplicas día a día.**

**-Denis Waitley.**

¿Cuáles son las 3 actividades más importantes que necesitas realizar el día de hoy?

_____
_____
_____

¿Cuál es el resultado que quieres obtener de estas actividades?

_____
_____

¿Cuál es el propósito de realizar estas actividades?

_____
_____
_____

¿Qué recursos necesitas para realizar estas actividades?

_____
_____
_____

**Al final del día anota en estas líneas si lograste completar las actividades más importantes.**

¿Hubo circunstancias que te impidieron cumplir con tus metas del día de hoy?

_____
_____
_____

¿Cuáles son las consecuencias positivas, y negativas que enfrentaras con tus acciones del día de hoy?

_____
_____
_____

**Octubre 20**

**Aprovecha la oportunidad en todas las cosas; no hay mérito mayor. - Píndaro**

¿Cuáles son las 3 actividades más importantes que necesitas realizar el día de hoy?

_____
_____
_____

¿Cuál es el resultado que quieres obtener de estas actividades?

_____
_____

¿Cuál es el propósito de realizar estas actividades?

_____
_____

¿Qué recursos necesitas para realizar estas actividades?

_____
_____

**Al final del día anota en estas líneas si lograste completar las actividades más importantes.**

¿Hubo circunstancias que te impidieron cumplir con tus metas del día de hoy?

_____
_____

¿Cuáles son las consecuencias positivas, y negativas que enfrentaras con tus acciones del día de hoy?

_____
_____

## Octubre 21

**Todos tenemos sueños. Pero para convertir los sueños en realidad, se necesita una gran cantidad de determinación, dedicación, autodisciplina y esfuerzo a traves del tiempo.  -Jesse Owens.**

¿Cuáles son las 3 actividades más importantes que necesitas realizar el día de hoy?

_____

_____

_____

¿Cuál es el resultado que quieres obtener de estas actividades?

_____

_____

¿Cuál es el propósito de realizar estas actividades?

_____

_____

¿Qué recursos necesitas para realizar estas actividades?

_____

_____

**Al final del día anota en estas líneas si lograste completar las actividades más importantes.**

¿Hubo circunstancias que te impidieron cumplir con tus metas del día de hoy?

_____

_____

¿Cuáles son las consecuencias positivas, y negativas que enfrentaras con tus acciones del día de hoy?

_____

_____

_____

**Octubre 22**

**Tengo un día. Si lo sé aprovechar, tengo un tesoro.** **- Gabriela Mistral**

¿Cuáles son las 3 actividades más importantes que necesitas realizar el día de hoy?

_____
_____
_____

¿Cuál es el resultado que quieres obtener de estas actividades?

_____
_____

¿Cuál es el propósito de realizar estas actividades?

_____
_____

¿Qué recursos necesitas para realizar estas actividades?

_____
_____

**Al final del día anota en estas líneas si lograste completar las actividades más importantes.**

¿Hubo circunstancias que te impidieron cumplir con tus metas del día de hoy?

_____
_____

¿Cuáles son las consecuencias positivas, y negativas que enfrentaras con tus acciones del día de hoy?

_____
_____

## Octubre 23

### Sólo falta el tiempo a quien no sabe aprovecharlo. – Gaspar Melchor

¿Cuáles son las 3 actividades más importantes que necesitas realizar el día de hoy?

_____
_____
_____

¿Cuál es el resultado que quieres obtener de estas actividades?

_____
_____

¿Cuál es el propósito de realizar estas actividades?

_____
_____

¿Qué recursos necesitas para realizar estas actividades?

_____
_____

**Al final del día anota en estas líneas si lograste completar las actividades más importantes.**

¿Hubo circunstancias que te impidieron cumplir con tus metas del día de hoy?

_____
_____

¿Cuáles son las consecuencias positivas, y negativas que enfrentaras con tus acciones del día de hoy?

_____
_____

**Octubre 24**

Contínuo esfuerzo – no la fuerza o la inteligencia – es la clave para liberar nuestro potencial.
-Winston Churchill.

¿Cuáles son las 3 actividades más importantes que necesitas realizar el día de hoy?

_____

_____

¿Cuál es el resultado que quieres obtener de estas actividades?

_____

_____

¿Cuál es el propósito de realizar estas actividades?

_____

_____

¿Qué recursos necesitas para realizar estas actividades?

_____

_____

**Al final del día anota en estas líneas si lograste completar las actividades más importantes.**

¿Hubo circunstancias que te impidieron cumplir con tus metas del día de hoy?

_____

_____

¿Cuáles son las consecuencias positivas, y negativas que enfrentaras con tus acciones del día de hoy?

_____

_____

**Octubre 25**

Vive cada día como si fuera el único del que dispones para ser feliz, para gozar y para aprovechar el tiempo

- Noel Clarasó

¿Cuáles son las 3 actividades más importantes que necesitas realizar el día de hoy?

_____

_____

¿Cuál es el resultado que quieres obtener de estas actividades?

_____

_____

¿Cuál es el propósito de realizar estas actividades?

_____

_____

¿Qué recursos necesitas para realizar estas actividades?

_____

_____

**Al final del día anota en estas líneas si lograste completar las actividades más importantes.**

¿Hubo circunstancias que te impidieron cumplir con tus metas del día de hoy?

_____

_____

¿Cuáles son las consecuencias positivas, y negativas que enfrentaras con tus acciones del día de hoy?

_____

_____

## Octubre 26

**Aprovecha el día. No dejes que termine sin haber crecido un poco, sin haber sido un poco más feliz, sin haber alimentado tus sueños.**

**- Walt Whitman**

¿Cuáles son las 3 actividades más importantes que necesitas realizar el día de hoy?

_____

_____

¿Cuál es el resultado que quieres obtener de estas actividades?

_____

_____

¿Cuál es el propósito de realizar estas actividades?

_____

_____

¿Qué recursos necesitas para realizar estas actividades?

_____

_____

**Al final del día anota en estas líneas si lograste completar las actividades más importantes.**

¿Hubo circunstancias que te impidieron cumplir con tus metas del día de hoy?

_____

_____

¿Cuáles son las consecuencias positivas, y negativas que enfrentaras con tus acciones del día de hoy?

_____

_____

**Octubre 27**

Nadie triunfa sin esfuerzo. Aquellos que triunfan deben su éxito a la perseverancia.
-Ramana Maharshi.

¿Cuáles son las 3 actividades más importantes que necesitas realizar el día de hoy?

_____
_____
_____

¿Cuál es el resultado que quieres obtener de estas actividades?

_____
_____
_____

¿Cuál es el propósito de realizar estas actividades?

_____
_____
_____

¿Qué recursos necesitas para realizar estas actividades?

_____
_____
_____

**Al final del día anota en estas líneas si lograste completar las actividades más importantes.**

¿Hubo circunstancias que te impidieron cumplir con tus metas del día de hoy?

_____
_____
_____

¿Cuáles son las consecuencias positivas, y negativas que enfrentaras con tus acciones del día de hoy?

_____
_____
_____

**Octubre 28**

**Una vida aprovechada cometiendo errores no es sólo más honorable, sino que incluso más útil que vivirla haciendo nada.**

**- George Bernard Shaw**

¿Cuáles son las 3 actividades más importantes que necesitas realizar el día de hoy?

_____

_____

¿Cuál es el resultado que quieres obtener de estas actividades?

_____

_____

¿Cuál es el propósito de realizar estas actividades?

_____

_____

¿Qué recursos necesitas para realizar estas actividades?

_____

_____

**Al final del día anota en estas líneas si lograste completar las actividades más importantes.**

¿Hubo circunstancias que te impidieron cumplir con tus metas del día de hoy?

_____

_____

¿Cuáles son las consecuencias positivas, y negativas que enfrentaras con tus acciones del día de hoy?

_____

_____

**Octubre 29**

**Un mal día para tu ego es un gran día para tu alma.**

**- Jillian Michaels**

¿Cuáles son las 3 actividades más importantes que necesitas realizar el día de hoy?

_____
_____
_____

¿Cuál es el resultado que quieres obtener de estas actividades?

_____
_____

¿Cuál es el propósito de realizar estas actividades?

_____
_____

¿Qué recursos necesitas para realizar estas actividades?

_____
_____

**Al final del día anota en estas líneas si lograste completar las actividades más importantes.**

¿Hubo circunstancias que te impidieron cumplir con tus metas del día de hoy?

_____
_____

¿Cuáles son las consecuencias positivas, y negativas que enfrentaras con tus acciones del día de hoy?

_____
_____

**Octubre 30**

**La recompensa de una vida eterna requiere esfuerzo.**
**-Thomas S. Monson**

¿Cuáles son las 3 actividades más importantes que necesitas realizar el día de hoy?

_____
_____
_____

¿Cuál es el resultado que quieres obtener de estas actividades?

_____
_____
_____

¿Cuál es el propósito de realizar estas actividades?

_____
_____
_____

¿Qué recursos necesitas para realizar estas actividades?

_____
_____
_____

**Al final del día anota en estas líneas si lograste completar las actividades más importantes.**

¿Hubo circunstancias que te impidieron cumplir con tus metas del día de hoy?

_____
_____
_____

¿Cuáles son las consecuencias positivas, y negativas que enfrentaras con tus acciones del día de hoy?

_____
_____
_____

## Octubre 31

**Hablamos de matar el tiempo como si no fuera el tiempo el que nos mata a nosotros.**
**- Alphonse Allais**

¿Cuáles son las 3 actividades más importantes que necesitas realizar el día de hoy?

_____

_____

_____

¿Cuál es el resultado que quieres obtener de estas actividades?

_____

_____

¿Cuál es el propósito de realizar estas actividades?

_____

_____

¿Qué recursos necesitas para realizar estas actividades?

_____

_____

**Al final del día anota en estas líneas si lograste completar las actividades más importantes.**

¿Hubo circunstancias que te impidieron cumplir con tus metas del día de hoy?

_____

_____

¿Cuáles son las consecuencias positivas, y negativas que enfrentaras con tus acciones del día de hoy?

_____

_____

_____

**Noviembre 1**

**El tiempo es el único capital de las personas que no tiene más que su inteligencia por fortuna.**
**-Honoré de Balzac**

¿Cuáles son las 3 actividades más importantes que necesitas realizar el día de hoy?

_____
_____
_____

¿Cuál es el resultado que quieres obtener de estas actividades?

_____
_____

¿Cuál es el propósito de realizar estas actividades?

_____
_____

¿Qué recursos necesitas para realizar estas actividades?

_____
_____

**Al final del día anota en estas líneas si lograste completar**
**las actividades más importantes.**

¿Hubo circunstancias que te impidieron cumplir con tus metas del día de hoy?

_____
_____

¿Cuáles son las consecuencias positivas, y negativas que enfrentaras con
tus acciones del día de hoy?

_____
_____

**Noviembre 2**

**El tiempo es como un río que arrastra rápidamente todo lo que nace.**
**- Marco Aurelio**

¿Cuáles son las 3 actividades más importantes que necesitas realizar el día de hoy?

_____
_____
_____

¿Cuál es el resultado que quieres obtener de estas actividades?

_____
_____

¿Cuál es el propósito de realizar estas actividades?

_____
_____

¿Qué recursos necesitas para realizar estas actividades?

_____
_____

**Al final del día anota en estas líneas si lograste completar**
**las actividades más importantes.**

¿Hubo circunstancias que te impidieron cumplir con tus metas del día de hoy?

_____
_____

¿Cuáles son las consecuencias positivas, y negativas que enfrentaras con tus acciones del día de hoy?

_____
_____
_____

**Noviembre 3**

**El tiempo siempre está maduro, la pregunta es para qué.**

**-François Mauriac**

¿Cuáles son las 3 actividades más importantes que necesitas realizar el día de hoy?

_____

_____

¿Cuál es el resultado que quieres obtener de estas actividades?

_____

_____

¿Cuál es el propósito de realizar estas actividades?

_____

_____

¿Qué recursos necesitas para realizar estas actividades?

_____

_____

**Al final del día anota en estas líneas si lograste completar las actividades más importantes.**

¿Hubo circunstancias que te impidieron cumplir con tus metas del día de hoy?

_____

_____

¿Cuáles son las consecuencias positivas, y negativas que enfrentaras con tus acciones del día de hoy?

_____

_____

_____

**Noviembre 4**

**El buen carácter no se forma en una semana o un mes. Se crea poco a poco, día a día. Se requiere un esfuerzo paciente para desarrollar un buen carácter. -Anónimo**

¿Cuáles son las 3 actividades más importantes que necesitas realizar el día de hoy?

_____

_____

_____

¿Cuál es el resultado que quieres obtener de estas actividades?

_____

_____

¿Cuál es el propósito de realizar estas actividades?

_____

_____

¿Qué recursos necesitas para realizar estas actividades?

_____

_____

**Al final del día anota en estas líneas si lograste completar las actividades más importantes.**

¿Hubo circunstancias que te impidieron cumplir con tus metas del día de hoy?

_____

_____

¿Cuáles son las consecuencias positivas, y negativas que enfrentaras con tus acciones del día de hoy?

_____

_____

_____

**Noviembre 5**

**La vida es como las naranjas, hay que sacarles el jugo a tiempo.**

**- Doménico Cieri Estrada**

¿Cuáles son las 3 actividades más importantes que necesitas realizar el día de hoy?

_____

_____

¿Cuál es el resultado que quieres obtener de estas actividades?

_____

_____

¿Cuál es el propósito de realizar estas actividades?

_____

_____

¿Qué recursos necesitas para realizar estas actividades?

_____

_____

**Al final del día anota en estas líneas si lograste completar las actividades más importantes.**

¿Hubo circunstancias que te impidieron cumplir con tus metas del día de hoy?

_____

_____

¿Cuáles son las consecuencias positivas, y negativas que enfrentaras con tus acciones del día de hoy?

_____

_____

**Noviembre 6**

**La calidad nunca es un accidente. Siempre es resultado de un esfuerzo inteligente.**
**-John Ruskin**

¿Cuáles son las 3 actividades más importantes que necesitas realizar el día de hoy?

_____

_____

_____

¿Cuál es el resultado que quieres obtener de estas actividades?

_____

_____

¿Cuál es el propósito de realizar estas actividades?

_____

_____

¿Qué recursos necesitas para realizar estas actividades?

_____

_____

**Al final del día anota en estas líneas si lograste completar**
**las actividades más importantes.**

¿Hubo circunstancias que te impidieron cumplir con tus metas del día de hoy?

_____

_____

¿Cuáles son las consecuencias positivas, y negativas que enfrentaras con tus acciones del día de hoy?

_____

_____

_____

**Noviembre 7**

**Trata de vivir exclusivamente el día, sin querer resolver el problema de tu vida todo de una sola vez.**

**- Adolfo Roberto Arman**

¿Cuáles son las 3 actividades más importantes que necesitas realizar el día de hoy?

_____

_____

_____

¿Cuál es el resultado que quieres obtener de estas actividades?

_____

_____

¿Cuál es el propósito de realizar estas actividades?

_____

_____

¿Qué recursos necesitas para realizar estas actividades?

_____

_____

**Al final del día anota en estas líneas si lograste completar las actividades más importantes.**

¿Hubo circunstancias que te impidieron cumplir con tus metas del día de hoy?

_____

_____

¿Cuáles son las consecuencias positivas, y negativas que enfrentaras con tus acciones del día de hoy?

_____

_____

**Noviembre 8**

**El éxito es casi totalmente dependiente del empuje y la persistencia.**
**-Denis Waitley**

¿Cuáles son las 3 actividades más importantes que necesitas realizar el día de hoy?

_____

_____

_____

¿Cuál es el resultado que quieres obtener de estas actividades?

_____

_____

¿Cuál es el propósito de realizar estas actividades?

_____

_____

¿Qué recursos necesitas para realizar estas actividades?

_____

_____

**Al final del día anota en estas líneas si lograste completar las actividades más importantes.**

¿Hubo circunstancias que te impidieron cumplir con tus metas del día de hoy?

_____

_____

¿Cuáles son las consecuencias positivas, y negativas que enfrentaras con tus acciones del día de hoy?

_____

_____

_____

**Noviembre 9**

**Hay que perder la mitad del tiempo, para poder emplear la otra mitad.**
**- Anónimo**

¿Cuáles son las 3 actividades más importantes que necesitas realizar el día de hoy?

_____
_____
_____

¿Cuál es el resultado que quieres obtener de estas actividades?

_____
_____

¿Cuál es el propósito de realizar estas actividades?

_____
_____

¿Qué recursos necesitas para realizar estas actividades?

_____
_____

**Al final del día anota en estas líneas si lograste completar las actividades más importantes.**

¿Hubo circunstancias que te impidieron cumplir con tus metas del día de hoy?

_____
_____

¿Cuáles son las consecuencias positivas, y negativas que enfrentaras con tus acciones del día de hoy?

_____
_____

**Noviembre 10**

**Como no tenemos nada más precioso que el tiempo, no hay mayor generosidad que perderlo sin tenerlo en cuenta.**
**-Marcel Jouhandeu**

¿Cuáles son las 3 actividades más importantes que necesitas realizar el día de hoy?

_____

_____

¿Cuál es el resultado que quieres obtener de estas actividades?

_____

_____

¿Cuál es el propósito de realizar estas actividades?

_____

_____

¿Qué recursos necesitas para realizar estas actividades?

_____

_____

**Al final del día anota en estas líneas si lograste completar las actividades más importantes.**

¿Hubo circunstancias que te impidieron cumplir con tus metas del día de hoy?

_____

_____

¿Cuáles son las consecuencias positivas, y negativas que enfrentaras con tus acciones del día de hoy?

_____

_____

## Noviembre 11

**La productividad nunca es un accidente. Siempre es el resultado de un compromiso con la excelencia, planificación inteligente y esfuerzo concentrado. -Paul J. Meyer.**

¿Cuáles son las 3 actividades más importantes que necesitas realizar el día de hoy?

_____
_____
_____

¿Cuál es el resultado que quieres obtener de estas actividades?

_____
_____

¿Cuál es el propósito de realizar estas actividades?

_____
_____

¿Qué recursos necesitas para realizar estas actividades?

_____
_____

**Al final del día anota en estas líneas si lograste completar las actividades más importantes.**

¿Hubo circunstancias que te impidieron cumplir con tus metas del día de hoy?

_____
_____

¿Cuáles son las consecuencias positivas, y negativas que enfrentaras con tus acciones del día de hoy?

_____
_____

**Noviembre 12**

**Hay ladrones a los que no se castiga, pero que roban lo más preciado: el tiempo.**
**-Anónimo**

¿Cuáles son las 3 actividades más importantes que necesitas realizar el día de hoy?

_____
_____
_____

¿Cuál es el resultado que quieres obtener de estas actividades?

_____
_____

¿Cuál es el propósito de realizar estas actividades?

_____
_____

¿Qué recursos necesitas para realizar estas actividades?

_____
_____

**Al final del día anota en estas líneas si lograste completar**
**las actividades más importantes.**

¿Hubo circunstancias que te impidieron cumplir con tus metas del día de hoy?

_____
_____

¿Cuáles son las consecuencias positivas, y negativas que enfrentaras con tus acciones del día de hoy?

_____
_____
_____

**Noviembre 13**

**El tiempo es la imagen de la eternidad en movimiento.**
**- Platón**

¿Cuáles son las 3 actividades más importantes que necesitas realizar el día de hoy?

_____
_____

¿Cuál es el resultado que quieres obtener de estas actividades?

_____
_____

¿Cuál es el propósito de realizar estas actividades?

_____
_____

¿Qué recursos necesitas para realizar estas actividades?

_____
_____

**Al final del día anota en estas líneas si lograste completar las actividades más importantes.**

¿Hubo circunstancias que te impidieron cumplir con tus metas del día de hoy?

_____
_____

¿Cuáles son las consecuencias positivas, y negativas que enfrentaras con tus acciones del día de hoy?

_____
_____

**Noviembre 14**

**La vida es demasiado corta para pasarla en la negatividad. Por lo que he hecho un esfuerzo consciente para no estar donde no quiero estar.**

**-Hugh Dillon**

¿Cuáles son las 3 actividades más importantes que necesitas realizar el día de hoy?

_____

_____

_____

¿Cuál es el resultado que quieres obtener de estas actividades?

_____

_____

¿Cuál es el propósito de realizar estas actividades?

_____

_____

¿Qué recursos necesitas para realizar estas actividades?

_____

_____

**Al final del día anota en estas líneas si lograste completar las actividades más importantes.**

¿Hubo circunstancias que te impidieron cumplir con tus metas del día de hoy?

_____

_____

¿Cuáles son las consecuencias positivas, y negativas que enfrentaras con tus acciones del día de hoy?

_____

_____

_____

**Noviembre 15**

**Pon tu corazón, mente, intelecto, y alma incluso en tus actos más pequeños. Ese es el secreto del éxito.**

**-Swami Sivananda**

¿Cuáles son las 3 actividades más importantes que necesitas realizar el día de hoy?

_____

_____

_____

¿Cuál es el resultado que quieres obtener de estas actividades?

_____

_____

¿Cuál es el propósito de realizar estas actividades?

_____

_____

¿Qué recursos necesitas para realizar estas actividades?

_____

_____

**Al final del día anota en estas líneas si lograste completar las actividades más importantes.**

¿Hubo circunstancias que te impidieron cumplir con tus metas del día de hoy?

_____

_____

¿Cuáles son las consecuencias positivas, y negativas que enfrentaras con tus acciones del día de hoy?

_____

_____

**Noviembre 16**

**Si hay un valor en la vida que tengo muy claro es tener tiempo libre para disfrutarlo.**
**-Ribot**

¿Cuáles son las 3 actividades más importantes que necesitas realizar el día de hoy?

_____

_____

_____

¿Cuál es el resultado que quieres obtener de estas actividades?

_____

_____

¿Cuál es el propósito de realizar estas actividades?

_____

_____

¿Qué recursos necesitas para realizar estas actividades?

_____

_____

**Al final del día anota en estas líneas si lograste completar las actividades más importantes.**

¿Hubo circunstancias que te impidieron cumplir con tus metas del día de hoy?

_____

_____

¿Cuáles son las consecuencias positivas, y negativas que enfrentaras con tus acciones del día de hoy?

_____

_____

**Noviembre 17**

**Hay personas que no saben perder su tiempo solas y se convierten en el flagelo de las personas que trabajan.**
**- Jules Renard**

¿Cuáles son las 3 actividades más importantes que necesitas realizar el día de hoy?

_____
_____
_____

¿Cuál es el resultado que quieres obtener de estas actividades?

_____
_____

¿Cuál es el propósito de realizar estas actividades?

_____
_____
_____

¿Qué recursos necesitas para realizar estas actividades?

_____
_____

**Al final del día anota en estas líneas si lograste completar las actividades más importantes.**

¿Hubo circunstancias que te impidieron cumplir con tus metas del día de hoy?

_____
_____

¿Cuáles son las consecuencias positivas, y negativas que enfrentaras con tus acciones del día de hoy?

_____
_____

**Noviembre 18**

**Para cada esfuerzo disciplinado hay una recompensa múltiple.**

**-Jim Rohn**

¿Cuáles son las 3 actividades más importantes que necesitas realizar el día de hoy?

_____
_____
_____

¿Cuál es el resultado que quieres obtener de estas actividades?

_____
_____
_____

¿Cuál es el propósito de realizar estas actividades?

_____
_____
_____

¿Qué recursos necesitas para realizar estas actividades?

_____
_____

**Al final del día anota en estas líneas si lograste completar las actividades más importantes.**

¿Hubo circunstancias que te impidieron cumplir con tus metas del día de hoy?

_____
_____

¿Cuáles son las consecuencias positivas, y negativas que enfrentaras con tus acciones del día de hoy?

_____
_____

**Noviembre 19**

**Es el esfuerzo constante y decidido lo que rompe toda resistencia y barre con todos los obstáculos. -Claude M. Bristol**

¿Cuáles son las 3 actividades más importantes que necesitas realizar el día de hoy?

_____
_____
_____

¿Cuál es el resultado que quieres obtener de estas actividades?

_____
_____
_____

¿Cuál es el propósito de realizar estas actividades?

_____
_____
_____

¿Qué recursos necesitas para realizar estas actividades?

_____
_____

**Al final del día anota en estas líneas si lograste completar las actividades más importantes.**

¿Hubo circunstancias que te impidieron cumplir con tus metas del día de hoy?

_____
_____

¿Cuáles son las consecuencias positivas, y negativas que enfrentaras con tus acciones del día de hoy?

_____
_____
_____

**Noviembre 20**

**Nadie se ha ahogado jamás en su propio sudor.**
**-Ann Landers.**

¿Cuáles son las 3 actividades más importantes que necesitas realizar el día de hoy?

_____
_____
_____

¿Cuál es el resultado que quieres obtener de estas actividades?

_____
_____
_____

¿Cuál es el propósito de realizar estas actividades?

_____
_____
_____

¿Qué recursos necesitas para realizar estas actividades?

_____
_____

**Al final del día anota en estas líneas si lograste completar**
**las actividades más importantes.**

¿Hubo circunstancias que te impidieron cumplir con tus metas del día de hoy?

_____
_____

¿Cuáles son las consecuencias positivas, y negativas que enfrentaras con tus acciones del día de hoy?

_____
_____

**Noviembre 21**

**Aquel que quiera construir torres altas, deberá permanecer largo tiempo en los fundamentos.**
**- Anton Bruckner**

¿Cuáles son las 3 actividades más importantes que necesitas realizar el día de hoy?

_____
_____
_____

¿Cuál es el resultado que quieres obtener de estas actividades?

_____
_____
_____

¿Cuál es el propósito de realizar estas actividades?

_____
_____
_____

¿Qué recursos necesitas para realizar estas actividades?

_____
_____

**Al final del día anota en estas líneas si lograste completar las actividades más importantes.**

¿Hubo circunstancias que te impidieron cumplir con tus metas del día de hoy?

_____
_____
_____

¿Cuáles son las consecuencias positivas, y negativas que enfrentaras con tus acciones del día de hoy?

_____
_____
_____

**Noviembre 22**
**Nueve décimas partes de la sabiduría provienen**
**de ser juicioso a tiempo.**
**- Henry David Thoreau**

¿Cuáles son las 3 actividades más importantes que necesitas realizar el día de hoy?

_____

_____

_____

¿Cuál es el resultado que quieres obtener de estas actividades?

_____

_____

_____

¿Cuál es el propósito de realizar estas actividades?

_____

_____

_____

¿Qué recursos necesitas para realizar estas actividades?

_____

_____

**Al final del día anota en estas líneas si lograste completar**
**las actividades más importantes.**
¿Hubo circunstancias que te impidieron cumplir con tus metas del día de hoy?

_____

_____

¿Cuáles son las consecuencias positivas, y negativas que enfrentaras con
tus acciones del día de hoy?

_____

_____

_____

**Noviembre 23**

**El que abusa de un líquido no se mantiene mucho tiempo sólido.**

**- Charles Augustin Sainte-Beuve**

¿Cuáles son las 3 actividades más importantes que necesitas realizar el día de hoy?

_____
_____
_____

¿Cuál es el resultado que quieres obtener de estas actividades?

_____
_____
_____

¿Cuál es el propósito de realizar estas actividades?

_____
_____
_____

¿Qué recursos necesitas para realizar estas actividades?

_____
_____

**Al final del día anota en estas líneas si lograste completar las actividades más importantes.**

¿Hubo circunstancias que te impidieron cumplir con tus metas del día de hoy?

_____
_____

¿Cuáles son las consecuencias positivas, y negativas que enfrentaras con tus acciones del día de hoy?

_____
_____

**Noviembre 24**

**Ocurra lo que ocurra, aún en el día más borrascoso las horas y el tiempo pasan.**
**-William Shakespeare**

¿Cuáles son las 3 actividades más importantes que necesitas realizar el día de hoy?

_____
_____
_____

¿Cuál es el resultado que quieres obtener de estas actividades?

_____
_____
_____

¿Cuál es el propósito de realizar estas actividades?

_____
_____
_____

¿Qué recursos necesitas para realizar estas actividades?

_____
_____

**Al final del día anota en estas líneas si lograste completar las actividades más importantes.**

¿Hubo circunstancias que te impidieron cumplir con tus metas del día de hoy?

_____
_____

¿Cuáles son las consecuencias positivas, y negativas que enfrentaras con tus acciones del día de hoy?

_____
_____
_____

**Noviembre 25**

**La impuntualidad es una falta de respeto, no de tiempo.**
**-L. Brunschvig**

¿Cuáles son las 3 actividades más importantes que necesitas realizar el día de hoy?

_____
_____
_____

¿Cuál es el resultado que quieres obtener de estas actividades?

_____
_____
_____

¿Cuál es el propósito de realizar estas actividades?

_____
_____
_____

¿Qué recursos necesitas para realizar estas actividades?

_____
_____
_____

**Al final del día anota en estas líneas si lograste completar**
**las actividades más importantes.**

¿Hubo circunstancias que te impidieron cumplir con tus metas del día de hoy?

_____
_____

¿Cuáles son las consecuencias positivas, y negativas que enfrentaras con tus acciones del día de hoy?

_____
_____
_____

**Noviembre 26**

**La gente que no para de trabajar lo hace para no tener tiempo de acordarse de que no tiene nada que hacer.**
**- Francis Picabia**

¿Cuáles son las 3 actividades más importantes que necesitas realizar el día de hoy?

_____
_____
_____

¿Cuál es el resultado que quieres obtener de estas actividades?

_____
_____

¿Cuál es el propósito de realizar estas actividades?

_____
_____

¿Qué recursos necesitas para realizar estas actividades?

_____
_____

**Al final del día anota en estas líneas si lograste completar**
**las actividades más importantes.**

¿Hubo circunstancias que te impidieron cumplir con tus metas del día de hoy?

_____
_____

¿Cuáles son las consecuencias positivas, y negativas que enfrentaras con tus acciones del día de hoy?

_____
_____

**Noviembre 27**

**Cuando transcurre el tiempo cada cosa tiene su momento. Nuevas cosas acontecen mientras las cosas anteriores envejecen.**

**- Robert Fripp**

¿Cuáles son las 3 actividades más importantes que necesitas realizar el día de hoy?

_____
_____
_____

¿Cuál es el resultado que quieres obtener de estas actividades?

_____
_____
_____

¿Cuál es el propósito de realizar estas actividades?

_____
_____
_____

¿Qué recursos necesitas para realizar estas actividades?

_____
_____

**Al final del día anota en estas líneas si lograste completar las actividades más importantes.**

¿Hubo circunstancias que te impidieron cumplir con tus metas del día de hoy?

_____
_____

¿Cuáles son las consecuencias positivas, y negativas que enfrentaras con tus acciones del día de hoy?

_____
_____
_____

**Noviembre 28**

**Las grandes lides de nuestro tiempo no se resuelven en los campos de batalla, sino en los templos del ocio.**
**-Bruce Wagner**

¿Cuáles son las 3 actividades más importantes que necesitas realizar el día de hoy?

_____
_____
_____

¿Cuál es el resultado que quieres obtener de estas actividades?

_____
_____

¿Cuál es el propósito de realizar estas actividades?

_____
_____

¿Qué recursos necesitas para realizar estas actividades?

_____
_____

**Al final del día anota en estas líneas si lograste completar las actividades más importantes.**

¿Hubo circunstancias que te impidieron cumplir con tus metas del día de hoy?

_____
_____

¿Cuáles son las consecuencias positivas, y negativas que enfrentaras con tus acciones del día de hoy?

_____
_____

**Noviembre 29**

**Si ha hecho castillos en el aire, no ha perdido el tiempo; allí es donde deben estar. Ahora, póngales cimientos.**
**-Henry David Thoreau**

¿Cuáles son las 3 actividades más importantes que necesitas realizar el día de hoy?

_____
_____
_____

¿Cuál es el resultado que quieres obtener de estas actividades?

_____
_____

¿Cuál es el propósito de realizar estas actividades?

_____
_____

¿Qué recursos necesitas para realizar estas actividades?

_____
_____

**Al final del día anota en estas líneas si lograste completar**
**las actividades más importantes.**

¿Hubo circunstancias que te impidieron cumplir con tus metas del día de hoy?

_____
_____

¿Cuáles son las consecuencias positivas, y negativas que enfrentaras con tus acciones del día de hoy?

_____
_____

**Noviembre 30**

**La verdad es hija del tiempo, no de la autoridad.**
**- Desconocido**

¿Cuáles son las 3 actividades más importantes que necesitas realizar el día de hoy?

_____

_____

¿Cuál es el resultado que quieres obtener de estas actividades?

_____

_____

¿Cuál es el propósito de realizar estas actividades?

_____

_____

¿Qué recursos necesitas para realizar estas actividades?

_____

_____

**Al final del día anota en estas líneas si lograste completar**
**las actividades más importantes.**

¿Hubo circunstancias que te impidieron cumplir con tus metas del día de hoy?

_____

_____

¿Cuáles son las consecuencias positivas, y negativas que enfrentaras con tus acciones del día de hoy?

_____

_____

_____

**Diciembre 1**

**Estoy cumpliendo los cuarenta, y eso lleva su tiempo.**
**-Harold Lloyd**

¿Cuáles son las 3 actividades más importantes que necesitas realizar el día de hoy?

_____

_____

¿Cuál es el resultado que quieres obtener de estas actividades?

_____

_____

¿Cuál es el propósito de realizar estas actividades?

_____

_____

¿Qué recursos necesitas para realizar estas actividades?

_____

_____

**Al final del día anota en estas líneas si lograste completar**
**las actividades más importantes.**

¿Hubo circunstancias que te impidieron cumplir con tus metas del día de hoy?

_____

_____

¿Cuáles son las consecuencias positivas, y negativas que enfrentaras con tus acciones del día de hoy?

_____

_____

_____

**Diciembre 2**

**No hay como el orden para enseñar a ganar tiempo.**

**-Anónimo**

¿Cuáles son las 3 actividades más importantes que necesitas realizar el día de hoy?

_____

_____

_____

¿Cuál es el resultado que quieres obtener de estas actividades?

_____

_____

_____

¿Cuál es el propósito de realizar estas actividades?

_____

_____

_____

¿Qué recursos necesitas para realizar estas actividades?

_____

_____

_____

**Al final del día anota en estas líneas si lograste completar las actividades más importantes.**

¿Hubo circunstancias que te impidieron cumplir con tus metas del día de hoy?

_____

_____

_____

¿Cuáles son las consecuencias positivas, y negativas que enfrentaras con tus acciones del día de hoy?

_____

_____

_____

**Diciembre 3**

**El tiempo es condescendiente para aquellos que saben apreciarle.**
**-Charly Sanz**

¿Cuáles son las 3 actividades más importantes que necesitas realizar el día de hoy?

_____
_____
_____

¿Cuál es el resultado que quieres obtener de estas actividades?

_____
_____

¿Cuál es el propósito de realizar estas actividades?

_____
_____

¿Qué recursos necesitas para realizar estas actividades?

_____
_____

**Al final del día anota en estas líneas si lograste completar**
**las actividades más importantes.**

¿Hubo circunstancias que te impidieron cumplir con tus metas del día de hoy?

_____
_____

¿Cuáles son las consecuencias positivas, y negativas que enfrentaras con
tus acciones del día de hoy?

_____
_____

**Diciembre 4**

**No hay tiempo de arrepentirse por lo que hiciste o por lo que no has hecho, lo pasado siempre sera pasado, y el presente solo se vive una vez.**
**-Angel Marquez**

¿Cuáles son las 3 actividades más importantes que necesitas realizar el día de hoy?

_____

_____

¿Cuál es el resultado que quieres obtener de estas actividades?

_____

_____

¿Cuál es el propósito de realizar estas actividades?

_____

_____

¿Qué recursos necesitas para realizar estas actividades?

_____

_____

Al final del día anota en estas líneas si lograste completar
las actividades más importantes.

¿Hubo circunstancias que te impidieron cumplir con tus metas del día de hoy?

_____

_____

¿Cuáles son las consecuencias positivas, y negativas que enfrentaras con
tus acciones del día de hoy?

_____

_____

_____

## Diciembre 5

**El tiempo puede ser tu mejor o peor amigo recuerda que pasa y no lo puedes regresar al fin y al cabo lo que importa no es el tiempo que pasa si no mas bien que haces en ese tiempo.**
 **- Alessandro Mazariegos**

¿Cuáles son las 3 actividades más importantes que necesitas realizar el día de hoy?

_____

_____

¿Cuál es el resultado que quieres obtener de estas actividades?

_____

_____

¿Cuál es el propósito de realizar estas actividades?

_____

_____

¿Qué recursos necesitas para realizar estas actividades?

_____

_____

**Al final del día anota en estas líneas si lograste completar las actividades más importantes.**

¿Hubo circunstancias que te impidieron cumplir con tus metas del día de hoy?

_____

_____

¿Cuáles son las consecuencias positivas, y negativas que enfrentaras con tus acciones del día de hoy?

_____

_____

**Diciembre 6**

**Haz las cosas más fáciles primero: este será tu estiramiento para la gran carrera.**

**-Catherine Clifford**

¿Cuáles son las 3 actividades más importantes que necesitas realizar el día de hoy?

_____

_____

_____

¿Cuál es el resultado que quieres obtener de estas actividades?

_____

_____

¿Cuál es el propósito de realizar estas actividades?

_____

_____

¿Qué recursos necesitas para realizar estas actividades?

_____

_____

**Al final del día anota en estas líneas si lograste completar las actividades más importantes.**

¿Hubo circunstancias que te impidieron cumplir con tus metas del día de hoy?

_____

_____

¿Cuáles son las consecuencias positivas, y negativas que enfrentaras con tus acciones del día de hoy?

_____

_____

_____

**Diciembre 7**

**Hoy no tengo tiempo de odiar a los que me odian porque estoy muy ocupado amando a los que me aman.**

**-Anónimo**

¿Cuáles son las 3 actividades más importantes que necesitas realizar el día de hoy?

_____

_____

¿Cuál es el resultado que quieres obtener de estas actividades?

_____

_____

¿Cuál es el propósito de realizar estas actividades?

_____

_____

¿Qué recursos necesitas para realizar estas actividades?

_____

_____

**Al final del día anota en estas líneas si lograste completar las actividades más importantes.**

¿Hubo circunstancias que te impidieron cumplir con tus metas del día de hoy?

_____

_____

¿Cuáles son las consecuencias positivas, y negativas que enfrentaras con tus acciones del día de hoy?

_____

_____

**Diciembre 8**

**Identifica tu regla de 80/20: ¿Qué 20% de tu trabajo produce el 80% de tus resultados?**
**-Ashley Basurto**

¿Cuáles son las 3 actividades más importantes que necesitas realizar el día de hoy?

_____

_____

¿Cuál es el resultado que quieres obtener de estas actividades?

_____

_____

¿Cuál es el propósito de realizar estas actividades?

_____

_____

¿Qué recursos necesitas para realizar estas actividades?

_____

_____

**Al final del día anota en estas líneas si lograste completar**
**las actividades más importantes.**

¿Hubo circunstancias que te impidieron cumplir con tus metas del día de hoy?

_____

_____

¿Cuáles son las consecuencias positivas, y negativas que enfrentaras con tus acciones del día de hoy?

_____

_____

_____

**Diciembre 9**

**El tiempo no existe, es solamente la medida que el hombre le ha impuesto a las experiencias que vive, disfruta, sufre o calla.**
**-Luis Alejandro Orango**

¿Cuáles son las 3 actividades más importantes que necesitas realizar el día de hoy?

_____
_____
_____

¿Cuál es el resultado que quieres obtener de estas actividades?

_____
_____

¿Cuál es el propósito de realizar estas actividades?

_____
_____

¿Qué recursos necesitas para realizar estas actividades?

_____
_____

**Al final del día anota en estas líneas si lograste completar las actividades más importantes.**

¿Hubo circunstancias que te impidieron cumplir con tus metas del día de hoy?

_____
_____

¿Cuáles son las consecuencias positivas, y negativas que enfrentaras con tus acciones del día de hoy?

_____
_____

**Diciembre 10**

**Aprende a ignorar y observa cuánto tiempo salvaste. No necesitas responder a todo pues no todo tiene respuesta.**

**-Julia B**

¿Cuáles son las 3 actividades más importantes que necesitas realizar el día de hoy?

_____

_____

¿Cuál es el resultado que quieres obtener de estas actividades?

_____

_____

¿Cuál es el propósito de realizar estas actividades?

_____

_____

¿Qué recursos necesitas para realizar estas actividades?

_____

_____

**Al final del día anota en estas líneas si lograste completar las actividades más importantes.**

¿Hubo circunstancias que te impidieron cumplir con tus metas del día de hoy?

_____

_____

¿Cuáles son las consecuencias positivas, y negativas que enfrentaras con tus acciones del día de hoy?

_____

_____

**Diciembre 11**

**Si soportamos los contratiempos, el tiempo nos soportará a nosotros.**
**-Dochanllu**

¿Cuáles son las 3 actividades más importantes que necesitas realizar el día de hoy?

_____

_____

_____

¿Cuál es el resultado que quieres obtener de estas actividades?

_____

_____

_____

¿Cuál es el propósito de realizar estas actividades?

_____

_____

_____

¿Qué recursos necesitas para realizar estas actividades?

_____

_____

_____

**Al final del día anota en estas líneas si lograste completar las actividades más importantes.**

¿Hubo circunstancias que te impidieron cumplir con tus metas del día de hoy?

_____

_____

_____

¿Cuáles son las consecuencias positivas, y negativas que enfrentaras con tus acciones del día de hoy?

_____

_____

_____

**Diciembre 12**

**Trata a tu tiempo como si fuera dinero y verás la riqueza que producirás.**

**-Jamie L**

¿Cuáles son las 3 actividades más importantes que necesitas realizar el día de hoy?

_____
_____
_____

¿Cuál es el resultado que quieres obtener de estas actividades?

_____
_____
_____

¿Cuál es el propósito de realizar estas actividades?

_____
_____
_____

¿Qué recursos necesitas para realizar estas actividades?

_____
_____

**Al final del día anota en estas líneas si lograste completar las actividades más importantes.**

¿Hubo circunstancias que te impidieron cumplir con tus metas del día de hoy?

_____
_____

¿Cuáles son las consecuencias positivas, y negativas que enfrentaras con tus acciones del día de hoy?

_____
_____
_____

**Diciembre 13**

**Prepara cuanto sea posible la noche anterior. Te ahorrará varias horas en tu jornada.**
**-Frank C**

¿Cuáles son las 3 actividades más importantes que necesitas realizar el día de hoy?

_____

_____

_____

¿Cuál es el resultado que quieres obtener de estas actividades?

_____

_____

_____

¿Cuál es el propósito de realizar estas actividades?

_____

_____

_____

¿Qué recursos necesitas para realizar estas actividades?

_____

_____

**Al final del día anota en estas líneas si lograste completar**
**las actividades más importantes.**

¿Hubo circunstancias que te impidieron cumplir con tus metas del día de hoy?

_____

_____

¿Cuáles son las consecuencias positivas, y negativas que enfrentaras con tus acciones del día de hoy?

_____

_____

_____

**Diciembre 14**

**Cuando una puerta se cierra, otra se abre, pero a menudo vemos tanto tiempo y con tanta tristeza la puerta que se cierra que no notamos otra que se ha abierto para nosotros.**
**-Alexander Graham Bell**

¿Cuáles son las 3 actividades más importantes que necesitas realizar el día de hoy?

_____
_____
_____

¿Cuál es el resultado que quieres obtener de estas actividades?

_____
_____

¿Cuál es el propósito de realizar estas actividades?

_____
_____
_____

¿Qué recursos necesitas para realizar estas actividades?

_____
_____

**Al final del día anota en estas líneas si lograste completar las actividades más importantes.**

¿Hubo circunstancias que te impidieron cumplir con tus metas del día de hoy?

_____
_____

¿Cuáles son las consecuencias positivas, y negativas que enfrentaras con tus acciones del día de hoy?

_____
_____

**Diciembre 15**

**No te preocupes por corregir tus errores, el tiempo los sepultará; preocúpate por no repetirlos.**

**-Jaime Tenorio Valenzuela**

¿Cuáles son las 3 actividades más importantes que necesitas realizar el día de hoy?

_____

_____

_____

¿Cuál es el resultado que quieres obtener de estas actividades?

_____

_____

_____

¿Cuál es el propósito de realizar estas actividades?

_____

_____

_____

¿Qué recursos necesitas para realizar estas actividades?

_____

_____

**Al final del día anota en estas líneas si lograste completar las actividades más importantes.**

¿Hubo circunstancias que te impidieron cumplir con tus metas del día de hoy?

_____

_____

¿Cuáles son las consecuencias positivas, y negativas que enfrentaras con tus acciones del día de hoy?

_____

_____

_____

**Diciembre 16**

**Estar preparado es importante,saber esperar lo es aún más,pero aprovechar el momento adecuado es la clave de la vida.**
**-Arthur Schnitlzer**

¿Cuáles son las 3 actividades más importantes que necesitas realizar el día de hoy?

_____

_____

¿Cuál es el resultado que quieres obtener de estas actividades?

_____

_____

¿Cuál es el propósito de realizar estas actividades?

_____

_____

¿Qué recursos necesitas para realizar estas actividades?

_____

_____

**Al final del día anota en estas líneas si lograste completar las actividades más importantes.**

¿Hubo circunstancias que te impidieron cumplir con tus metas del día de hoy?

_____

_____

¿Cuáles son las consecuencias positivas, y negativas que enfrentaras con tus acciones del día de hoy?

_____

_____

_____

**Diciembre 17**

**Empieza antes de sentirte preparado: un rompecabezas empezó con una pieza.**
**- Melissa Johnston**

¿Cuáles son las 3 actividades más importantes que necesitas realizar el día de hoy?

_____

_____

¿Cuál es el resultado que quieres obtener de estas actividades?

_____

_____

¿Cuál es el propósito de realizar estas actividades?

_____

_____

_____

¿Qué recursos necesitas para realizar estas actividades?

_____

_____

**Al final del día anota en estas líneas si lograste completar las actividades más importantes.**

¿Hubo circunstancias que te impidieron cumplir con tus metas del día de hoy?

_____

_____

¿Cuáles son las consecuencias positivas, y negativas que enfrentaras con tus acciones del día de hoy?

_____

_____

_____

**Diciembre 18**

**La gente desea aprender a nadar y al mismo tiempo mantener un pie en tierra.**
**-Marcel Proust**

¿Cuáles son las 3 actividades más importantes que necesitas realizar el día de hoy?

_____
_____
_____

¿Cuál es el resultado que quieres obtener de estas actividades?

_____
_____
_____

¿Cuál es el propósito de realizar estas actividades?

_____
_____
_____

¿Qué recursos necesitas para realizar estas actividades?

_____
_____
_____

**Al final del día anota en estas líneas si lograste completar**
**las actividades más importantes.**

¿Hubo circunstancias que te impidieron cumplir con tus metas del día de hoy?

_____
_____

¿Cuáles son las consecuencias positivas, y negativas que enfrentaras con tus acciones del día de hoy?

_____
_____

**Diciembre 19**

**Un buen plan ahora es mejor que el plan perfecto de la otra semana.**
**-George Patton**

¿Cuáles son las 3 actividades más importantes que necesitas realizar el día de hoy?

_____
_____
_____

¿Cuál es el resultado que quieres obtener de estas actividades?

_____
_____
_____

¿Cuál es el propósito de realizar estas actividades?

_____
_____
_____

¿Qué recursos necesitas para realizar estas actividades?

_____
_____

**Al final del día anota en estas líneas si lograste completar las actividades más importantes.**

¿Hubo circunstancias que te impidieron cumplir con tus metas del día de hoy?

_____
_____

¿Cuáles son las consecuencias positivas, y negativas que enfrentaras con tus acciones del día de hoy?

_____
_____
_____

**Diciembre 20**

**A veces nos paramos tanto tiempo a contemplar una puerta que se cierra que vemos demasiado tarde otra que se abre.**
**-Alexander Graham Bell**

¿Cuáles son las 3 actividades más importantes que necesitas realizar el día de hoy?

_____
_____
_____

¿Cuál es el resultado que quieres obtener de estas actividades?

_____
_____

¿Cuál es el propósito de realizar estas actividades?

_____
_____
_____

¿Qué recursos necesitas para realizar estas actividades?

_____

**Al final del día anota en estas líneas si lograste completar las actividades más importantes.**

¿Hubo circunstancias que te impidieron cumplir con tus metas del día de hoy?

_____
_____

¿Cuáles son las consecuencias positivas, y negativas que enfrentaras con tus acciones del día de hoy?

_____
_____

**Diciembre 21**

**La mentalidad de "comer para ganar" es entendible ya que lo que ponemos en nuestro cuerpo afecta nuestra atención, energía y bienestar en el transcurso del día.   -Matt**

¿Cuáles son las 3 actividades más importantes que necesitas realizar el día de hoy?

_____
_____
_____

¿Cuál es el resultado que quieres obtener de estas actividades?

_____
_____
_____

¿Cuál es el propósito de realizar estas actividades?

_____
_____

¿Qué recursos necesitas para realizar estas actividades?

_____
_____

**Al final del día anota en estas líneas si lograste completar las actividades más importantes.**

¿Hubo circunstancias que te impidieron cumplir con tus metas del día de hoy?

_____
_____

¿Cuáles son las consecuencias positivas, y negativas que enfrentaras con tus acciones del día de hoy?

_____
_____
_____

**Diciembre 22**

**Define horarios para comer, dormir y ejercitarte. Nada sucede si no está escrito.**
**-Catherine Clifford**

¿Cuáles son las 3 actividades más importantes que necesitas realizar el día de hoy?

_____
_____
_____

¿Cuál es el resultado que quieres obtener de estas actividades?

_____
_____
_____

¿Cuál es el propósito de realizar estas actividades?

_____
_____
_____

¿Qué recursos necesitas para realizar estas actividades?

_____
_____
_____

**Al final del día anota en estas líneas si lograste completar**
**las actividades más importantes.**

¿Hubo circunstancias que te impidieron cumplir con tus metas del día de hoy?

_____
_____
_____

¿Cuáles son las consecuencias positivas, y negativas que enfrentaras con tus acciones del día de hoy?

_____
_____
_____

**Diciembre 23**

**Escribe un credo de productividad. Una simple afirmación puede hacer maravillas.**
**- Ben Carlson**

¿Cuáles son las 3 actividades más importantes que necesitas realizar el día de hoy?

_____
_____
_____

¿Cuál es el resultado que quieres obtener de estas actividades?

_____
_____
_____

¿Cuál es el propósito de realizar estas actividades?

_____
_____
_____

¿Qué recursos necesitas para realizar estas actividades?

_____
_____
_____

**Al final del día anota en estas líneas si lograste completar**
**las actividades más importantes.**

¿Hubo circunstancias que te impidieron cumplir con tus metas del día de hoy?

_____
_____

¿Cuáles son las consecuencias positivas, y negativas que enfrentaras con tus acciones del día de hoy?

_____
_____
_____

**Diciembre 24**

**Todo poder humano se forma de paciencia y de tiempo.**

**-Ralph Waldo Emerson**

¿Cuáles son las 3 actividades más importantes que necesitas realizar el día de hoy?

_____

_____

_____

¿Cuál es el resultado que quieres obtener de estas actividades?

_____

_____

_____

¿Cuál es el propósito de realizar estas actividades?

_____

_____

_____

¿Qué recursos necesitas para realizar estas actividades?

_____

_____

_____

**Al final del día anota en estas líneas si lograste completar las actividades más importantes.**

¿Hubo circunstancias que te impidieron cumplir con tus metas del día de hoy?

_____

_____

_____

¿Cuáles son las consecuencias positivas, y negativas que enfrentaras con tus acciones del día de hoy?

_____

_____

_____

**Diciembre 25**

**Cada hora de tiempo perdido en la juventud es una posibilidad más de desgracia en la adultez.
-Napoleón Bonaparte**

¿Cuáles son las 3 actividades más importantes que necesitas realizar el día de hoy?

_____
_____
_____

¿Cuál es el resultado que quieres obtener de estas actividades?

_____
_____
_____

¿Cuál es el propósito de realizar estas actividades?

_____
_____
_____

¿Qué recursos necesitas para realizar estas actividades?

_____
_____

**Al final del día anota en estas líneas si lograste completar
las actividades más importantes.**

¿Hubo circunstancias que te impidieron cumplir con tus metas del día de hoy?

_____
_____

¿Cuáles son las consecuencias positivas, y negativas que enfrentaras con
tus acciones del día de hoy?

_____
_____
_____

**Diciembre 26**

**El mejor legado de un padre a sus hijos es un poco de su tiempo cada día.**
**-Battista**

¿Cuáles son las 3 actividades más importantes que necesitas realizar el día de hoy?

_____
_____
_____

¿Cuál es el resultado que quieres obtener de estas actividades?

_____
_____
_____

¿Cuál es el propósito de realizar estas actividades?

_____
_____
_____

¿Qué recursos necesitas para realizar estas actividades?

_____
_____
_____

**Al final del día anota en estas líneas si lograste completar las actividades más importantes.**

¿Hubo circunstancias que te impidieron cumplir con tus metas del día de hoy?

_____
_____

¿Cuáles son las consecuencias positivas, y negativas que enfrentaras con tus acciones del día de hoy?

_____
_____
_____

**Diciembre 27**

**Para toda clase de males hay dos remedios; el tiempo y el silencio.**
**-Alejandro Dumas**

¿Cuáles son las 3 actividades más importantes que necesitas realizar el día de hoy?

_____
_____
_____

¿Cuál es el resultado que quieres obtener de estas actividades?

_____
_____
_____

¿Cuál es el propósito de realizar estas actividades?

_____
_____
_____

¿Qué recursos necesitas para realizar estas actividades?

_____
_____

**Al final del día anota en estas líneas si lograste completar las actividades más importantes.**

¿Hubo circunstancias que te impidieron cumplir con tus metas del día de hoy?

_____
_____

¿Cuáles son las consecuencias positivas, y negativas que enfrentaras con tus acciones del día de hoy?

_____
_____
_____

**Diciembre 28**

**Cada vez que se encuentre usted del lado de la mayoría, es tiempo de hacer una pausa y reflexionar.**

**-Mark Twain**

¿Cuáles son las 3 actividades más importantes que necesitas realizar el día de hoy?

_____

_____

_____

¿Cuál es el resultado que quieres obtener de estas actividades?

_____

_____

¿Cuál es el propósito de realizar estas actividades?

_____

_____

¿Qué recursos necesitas para realizar estas actividades?

_____

_____

**Al final del día anota en estas líneas si lograste completar las actividades más importantes.**

¿Hubo circunstancias que te impidieron cumplir con tus metas del día de hoy?

_____

_____

¿Cuáles son las consecuencias positivas, y negativas que enfrentaras con tus acciones del día de hoy?

_____

_____

**Diciembre 29**

**Duerme más; serás más productivo. Dale vida a tu cuerpo y tu cuerpo reaccionará ante la vida. -Deborah M**

¿Cuáles son las 3 actividades más importantes que necesitas realizar el día de hoy?

_____

_____

_____

¿Cuál es el resultado que quieres obtener de estas actividades?

_____

_____

¿Cuál es el propósito de realizar estas actividades?

_____

_____

¿Qué recursos necesitas para realizar estas actividades?

_____

_____

**Al final del día anota en estas líneas si lograste completar las actividades más importantes.**

¿Hubo circunstancias que te impidieron cumplir con tus metas del día de hoy?

_____

_____

¿Cuáles son las consecuencias positivas, y negativas que enfrentaras con tus acciones del día de hoy?

_____

_____

_____

**Diciembre 30**

**Si soportamos los contratiempos, el tiempo nos soportará a nosotros.**
**-Paulo Coelho**

¿Cuáles son las 3 actividades más importantes que necesitas realizar el día de hoy?

_____
_____
_____

¿Cuál es el resultado que quieres obtener de estas actividades?

_____
_____
_____

¿Cuál es el propósito de realizar estas actividades?

_____
_____
_____

¿Qué recursos necesitas para realizar estas actividades?

_____
_____

**Al final del día anota en estas líneas si lograste completar**
**las actividades más importantes.**

¿Hubo circunstancias que te impidieron cumplir con tus metas del día de hoy?

_____
_____

¿Cuáles son las consecuencias positivas, y negativas que enfrentaras con
tus acciones del día de hoy?

_____
_____

**Diciembre 31**

**La mayoría de las personas gastan más tiempo y energías en hablar de los problemas que en afrontarlos.**

**-Henry Ford**

¿Cuáles son las 3 actividades más importantes que necesitas realizar el día de hoy?

_____
_____
_____

¿Cuál es el resultado que quieres obtener de estas actividades?

_____
_____
_____

¿Cuál es el propósito de realizar estas actividades?

_____
_____

¿Qué recursos necesitas para realizar estas actividades?

_____
_____

**Al final del día anota en estas líneas si lograste completar las actividades más importantes.**

¿Hubo circunstancias que te impidieron cumplir con tus metas del día de hoy?

_____
_____

¿Cuáles son las consecuencias positivas, y negativas que enfrentaras con tus acciones del día de hoy?

_____
_____
_____

## Sobre La Autora

Maria Es fundadora de la María Erazo Enterprises, una organización que trabaja con los emprendedores para ayudar a clarificar mejor su marca empresarial. Y dueña de una agencia de seguros con la empresa Farmers. María es autora Bestseller. Ella ha escrito una biografía inspiracional sobre la lucha de su familia en medio de la adversidad, el sueño en busca de su identidad y significado en la vida.

Inspirada por sus luchas al ser separada de sus dos padres. Por las fronteras internacionales de los Estados Unidos con México.

María es un modelo independiente y fue elegida para ser el rostro de una joyería de alto prestigio, Siegel Jewelers en Michigan para el 2016. María residen ahora en Michigan con su esposo y tres hijos.

Su misión es *"Ayudar a las personas a transformar los sueños en realidad a través de la inspiración, el desarrollo personal y la conexión con propósito."*

www.ingramcontent.com/pod-product-compliance
Lightning Source LLC
Chambersburg PA
CBHW051623170526
45167CB00001B/42